WEIN
selbermachen

Wolfgang Vogel

WEIN selbermachen

Trauben-, Apfel- und Beerenweine

21 Farbfotos
und 33 Zeichnungen

Weltbild Verlag

Lizenzausgabe mit Genehmigung des
Eugen Ulmer Verlag, Stuttgart
für Weltbild Verlag GmbH, Augsburg 1990

Gesamtherstellung: Appl, Wemding
Printed in Germany
ISBN 3-89350-186-X

Vorwort

Diese Neuauflage des Buches mußte an vielen Stellen überarbeitet und um einiges erweitert werden.
Viele Anfragen und Anregungen von Lesern haben erkennen lassen, daß manches noch deutlicher beschrieben werden sollte. Aber auch die Gerätehersteller haben – erkennend, daß sich hier ein Markt auftut – mittlerweile ihr Angebot vergrößert, so daß hier nun auch auf einige wichtige neue Geräte und Hilfsmittel hinzuweisen ist. Außerdem wurde in den vergangenen Jahren das Weinrecht – nicht immer zum Besseren – verändert, was ebenso zu einigen Ergänzungen hat führen müssen.
Aber selbstkritisch sei auch eingestanden, daß das kritischere Bewußtsein für unsere Umwelt und die Gefährdung unserer Gesundheit durch chemische Mittel auch beim Verfasser bewirkt hat, daß manches heute in Frage gestellt werden muß, was vor einigen Jahren noch als unproblematisch angesehen wurde.
Wenn Sie, lieber Leser, meinen, daß bestimmte Dinge ausführlicher dargestellt werden sollten, wenn Sie vielleicht im einen oder anderen Fall bessere Wege wissen, wenn Sie besondere Fruchtweine entdeckt haben oder wenn Sie gar Fehler in diesem Buch finden, so lassen Sie es mich wissen. In künftigen Neuauflagen werde ich Ihre Anregungen gerne berücksichtigen.

Wolfgang Vogel

Inhalt

Tabellen und Schaubilder

Einführung

Über dieses Buch

War es früher im ländlichen Haushalt selbstverständlich, sein Brot selbst zu backen, Käse zu machen oder Wein zu keltern, so sind im Zuge der Industrialisierung diese Techniken weitgehend in Vergessenheit geraten. In den letzten Jahren ist das „Selbermachen“ jedoch allgemein wieder in Mode gekommen, teilweise auch einfach deshalb, weil die Menschen mit ihrer Freizeit etwas Sinnvolles anfangen wollen. Darüber hinaus hat das Selbermachen gerade von Nahrungs- und Genußmitteln freilich noch einen anderen Grund: Die zunehmende Technisierung, ja Industrialisierung der Nahrungsmittelherstellung löst ein gesteigertes Unbehagen aus, etwa wenn

- Eier von Hühnern kommen, die in Legebatterien gehalten werden
- Schweine und Kälber mit Hormonen gefüttert werden
- Brot chemisch konserviert und in Kunststofftüten verpackt angeboten wird

und so weiter …

Was den Wein anbetrifft: Es wird wieder Most und Äppelwoi gemacht, Johannisbeeren und Hagebutten werden zu Wein verarbeitet, und so mancher, der einen kleinen Weinberg geerbt hat, liefert seine Trauben nicht mehr in der Genossenschaft ab, sondern keltert selbst. Anders als in der Nachkriegszeit gibt es dafür heute kaum finanzielle Gründe. Eigener Wein kostet, wenn man die Trauben kaufen muß, im günstigsten Fall – bei Verwendung von Importtrauben – zwar nur rund 1 DM je Liter, jedoch beim Kauf von deutschen Trauben bereits wenigstens 3 DM. Wer fertig gepreßten Most kauft, muß sogar bis zu 5 DM Selbstkosten pro Liter rechnen. Dazu kommen dann außerdem noch die Kosten für Fässer und Geräte.

Von den Kosten her ist der Anreiz zum Keltern also wohl gering, dennoch wächst die Zahl derjenigen, die sich mit dem Griff zur Traubenmühle und -presse verleiten lassen, ihren „eigenen“ Wein herzustellen. Die enormen Ertragssteigerungen im Weinbau – vor 30 Jahren waren Erträge über 50 Hektoliter je Hektar noch die Ausnahme, heute gelten schon 100 hl/ha als enttäuschende Ernte – beruhten nur zum geringeren Teil auf züchterischen Erfolgen, sondern zum überwiegenden Teil auf dem Einsatz von Chemikalien im Weinberg. Eine direkte Auswirkung dieser Chemikalien auf die Bekömmlichkeit des erzeugten Weines ist zwar umstritten, recht problematisch ist in jedem Fall der Chemikalieneinsatz im Keller. Daß eine zu starke Schwefelung des Weines gesundheitsschädlich ist, wird heute kaum mehr bestritten, jedoch wird die Grenze der Verträglichkeit umso heftiger diskutiert, dasselbe gilt für viele Schönungsmittel, mit deren Hilfe ein Wein schön (= klar) gemacht wird. Wenn auch der Hobbyweinbereiter zwar nicht ganz darauf verzichten kann, so wird er doch versuchen, die Verwendung dieser Mittel auf ein Minimum zu begrenzen und dabei dennoch einen schmackhaften und haltbaren Wein erzeugen.

Für so manchen Freizeit-Kellerwirt werden sich solche Fragen aber gar nicht stellen, er hat einen ebenso einfachen wie triftigen Grund, weshalb er so manche Stunde im Keller zubringt: Es macht einfach Spaß, Wein zu keltern – und erst recht, ihn zu trinken.

All jenen, die Weine aus Liebhaberei herstellen, soll dieses Buch eine Hilfe sein bei den kleinen und großen Problemen, die dieses Hobby mit sich bringt – für den Anfänger als eine grundlegende Anleitung, für den erfahrenen Praktiker als eine nützliche Übersicht. Der gewerbliche Weinhersteller dagegen wird seine Information aus der Weinfachliteratur beziehen. Daher muß in diesem Buch auf die Darstellung all jener Verfahren verzichtet werden, für deren Anwendung teure Spezialgeräte notwendig sind, die üblicherweise nur im gewerblichen Kellereibetrieb Anwendung finden.

Bei der Gestaltung dieses Buches wurde versucht, alle chemischen und technischen Vorgänge so klar und einfach wie möglich darzustellen, daß sie auch ohne besondere Vorkenntnisse verständlich sind. Die chemischen Formeln sind im Anhang verzeichnet, sie sind für das Verständnis des Inhalts des Buches jedoch nicht von Bedeutung.

Ohne Juristerei geht's nicht

Kernstück des deutschen Weinrechtes ist das „Gesetz über Wein, Likörwein, Schaumwein, weinhaltige Getränke und Branntwein aus Wein", kurz „Weingesetz", vom 14. 7. 1971. Ergänzt wird das Weingesetz durch eine Vielzahl von Verordnungen der EG, des Bundes und der weinbautreibenden Bundesländer, diese wiederum vielfach ergänzt durch Listen, Verzeichnisse und Tabellen.

Durch das Weinrecht wird beispielsweise geregelt, ob ein Wein als Tafelwein, Landwein, Qualitätswein bestimmter Anbaugebiete oder als Qualitätswein mit Prädikat verkauft werden darf. Für jede Güteklasse werden, nach Rebsorte und Anbaugebiet verschieden, Mindestmostgewichte festgelegt und bei einigen Prädikaten bestimmte Lesearten vorgeschrieben. So dürfen für Eiswein beispielsweise nur Trauben verwendet werden, die bei einer Spätlese in gefrorenem Zustand gelesen und gekeltert wurden.

Ein sehr wichtiger Teil des Weinrechtes betrifft die Festlegung, welche Stoffe in welchen Mengen bei der Weinherstellung eingesetzt werden dürfen. Dabei gilt der Grundsatz: Was nicht ausdrücklich erlaubt ist, ist verboten.

Die Regelungen des Weinrechtes greifen in jeder Stufe der Weinwirtschaft bis hin zum Verkauf. So ist auch geregelt, was unter welchen Voraussetzungen auf dem Etikett vermerkt werden darf und was nicht. Einschneidend war das Verbot, Weine als naturrein zu bezeichnen. Das ist auch richtig so, jeder Wein ist das Ergebnis einer Bearbeitung. Wirklich naturrein ist allenfalls eine Traube, wobei hier schon die Frage sich stellt: auch eine gespritzte Traube? „Naturrein" einfach mit „ungezuckert" gleichzusetzen, ginge am Problem vorbei. Zucker ist nicht der einzige Stoff, und schon gar nicht der unnatürlichste, der einem Wein zugesetzt werden kann.

Das deutsche Weinrecht läßt freilich auch noch manche Frage offen, es wären sicher glücklichere Lösungen in manchen Bereichen denkbar, z.B.:

- Abgrenzung von Anbaugebieten, Bereichen, Großlagen, Lagen
- Zulassung und Verbot von Weinbehandlungsstoffen
- Angaben über Geschmacksmerkmale auf dem Etikett

Da alle betroffenen Interessengruppen laufend daran arbeiten, hierzu neue Vorschläge einzubringen, ist sichergestellt, daß das Weinrecht sich laufend ändern wird und manche Angabe in diesem Buch schon bald überholt sein kann.

Wer kommerziell Wein herstellt, ist gezwungen, die weinrechtlichen Bestimmungen bis ins letzte Detail zu beachten, andernfalls drohen Strafen (bis drei Jahre Freiheitsstrafe), Bußgelder (bis DM 50000) oder zumindest Versagung der Einstufung als Qualitätswein oder erst recht Versagung eines Prädikates. Freilich trifft dies nur denjenigen, der erwischt wird.

Der § 56 Abs. 1 des Weingesetzes enthält freilich eine für uns wichtige Einschränkung: Das Weingesetz und alle danach erlassenen Rechtsverordnungen gelten nicht für die Weinbereitung innerhalb des Haushaltes. Theoretisch kann der Hausweinbereiter also tun und lassen was er will, gebunden nur an den § 8 des Lebensmittelgesetzes, der verbietet, Lebensmittel so herzustellen oder zu behandeln, daß die Gesundheit geschädigt werden kann. Selbstverständlich werden in diesem Buch keine Rezepte empfohlen, die zu einem gesundheitsschädlichen Wein führen.

Darüber hinaus sollten wir uns von folgender Überlegung leiten lassen: Sinn und Zweck des Weingesetzes ist es in erster Linie, dafür zu sorgen, daß nicht aus minderwertigen Trauben Spitzenweine gezaubert werden. Das Weingesetz ist dabei eher noch zu großzügig. Wenn auch der Hausbereiter nicht an dieses Gesetz gebunden ist, im Interesse möglichst unverfälschter Weine sollte man freiwillig eher noch unter den zulässigen Möglichkeiten des Weingesetzes bleiben, also zum Beispiel weniger Schwefel verwenden, als das Gesetz erlaubt oder auf Schönung und Filtration verzichten und stattdessen abwarten, bis der Wein von selbst klar wird – auf Einzelheiten wird in den einzelnen Kapiteln jeweils genauer eingegangen.

Zugegebenerweise haben die gewerblichen Weinhersteller hier andere Probleme wie der Hobbyweinhersteller: Der Verlust von, sagen wir, 60 Liter

Wein ist zwar schmerzlich, aber er ruiniert den Amateur nicht. Der Profi hingegen ist manchmal für zehntausende Liter verantwortlich, und er wird alles tun, damit dieser Wein genießbar bleibt – mitunter nach der alten Bauernregel „viel hilft viel“, woraus dann gelegentlich „zuviel“ werden mag.
So mancher Hobbywinzer wird sich aber doch dafür interessieren, inwieweit sein selbsterzeugter Wein dem Gesetz entspricht. Viele Hobbywinzer wollen auch, gewissermaßen aus Sportsgeist, ihren Wein nach den Regeln für verkehrsfähigen Wein herstellen. Dafür spricht auch, daß das Weingesetz ja nicht nur zum Ziel hat, Verfälschungen und wundersame Weinvermehrungen zu verhindern, sondern auch, die Weinherstellung so zu lenken, daß eine Gefährdung der Gesundheit des Weinkonsumenten verhindert wird.
Im Anhang sind daher wichtige weinrechtliche Grenzwerte, Höchstmengen für Zusatzstoffe und Mindestwerte für Qualitätsmerkmale, in tabellarischer Form zusammengestellt.

Wein, was ist das?

Die „Erfindung“ des Weines liegt im Dunkel der Vorgeschichte, wir können nur vermuten, wie es sich zugetragen haben könnte: Da sind einige wild wachsende Trauben nach dem Pflükken vergessen worden. Ein paar Tage später findet man sie zufällig wieder, aber sie sind nicht, wie so oft sonst, verschimmelt und verfault, diesmal haben sie zu gären begonnen. Sie schmecken jetzt ganz anders wie gewohnt, und sie üben eine bisher nicht gekannte Wirkung auf den Menschen aus, sie berauschen seine Sinne. Was liegt näher, als diesen Vorgang dem Einfluß der Götter zuzuschreiben; dennoch versucht man diese „Umwandlung“ der Trauben selbst zu erreichen. Irgendwann wird dann erkannt, daß der Saft der Trauben noch viel besser zur Gärung geeignet ist, als die ganzen Trauben – die Kellertechnik nimmt ihren Anfang. Gleichzeitig wird man beginnen, die Weinrebe zu kultivieren. Funde im Zweistromland lassen vermuten, daß dies alles schon gut 10000 Jahre zurückliegen mag.
In den folgenden Jahrtausenden wurde, vom vorderen Orient ausgehend über den ganzen Mittelmeerraum, das Wissen über den Weinbau und über die Kellertechnik verbreitet und weiterentwickelt. Spätestens mit den Römern kam um Christi Geburt der Weinbau auch nach Germanien. Später wurde dann von den Klöstern, gefördert durch Karl den Großen, der Weinbau immer mehr verbreitet, bis im 16. Jahrhundert die größte flächenmäßige Ausdehnung in Deutschland erreicht war.
In jenen Zeiten wurde auch die Kellertechnik ständig verbessert, freilich war das Bild von den Vorgängen, die aus Most Wein werden lassen, arg getrübt, der Aberglaube bestimmte das Handeln mehr als die Naturwissenschaft.
Erst im 19. Jahrhundert erweiterte sich das Wissen um die biochemischen Vorgänge soweit, daß von einer wissenschaftlichen Erforschung gesprochen werden kann. Was mit dem Most passiert, wenn er zu Wein wird, läßt sich erahnen, wenn wir die Zusammenset-

zung von je einem Liter Most und Wein vergleichen:

Außer Wasser sind enthalten in 1 l (in g):	Most	Wein
Alkohol	0–5	44–120
Zucker	90–300	2–100
Säuren	6–16	4–12
Glyzerin	–	5–35
Mineralstoffe	3–4	2–4
Stickstoffverbindungen	3–4	1–3
Farb- und Gerbstoffe	0–4	0–3
Kohlendioxid	–	0,3–2

Die auffälligste Veränderung ist der Rückgang des Zuckeranteiles und die Zunahme des Alkoholanteiles. Der Zucker verwandelt sich also offenbar in Alkohol, ein Vorgang, den man alkoholische Gärung nennt. 1810 hat der französischen Physiker und Chemiker Gay-Lussac dafür die chemische Formel gefunden:

$$\underset{\text{Zucker}}{C_6H_{12}O_6} \rightarrow \underset{\text{Alkohol}}{2\,C_2H_5OH} + \underset{\text{Kohlendioxid}}{2\,CO_2}$$

Das Kohlendioxid löst sich zum Teil im Wein, der größte Teil entweicht in die Kellerluft. Da dieses Gas zu Erstickungen führt, muß der Gärkeller gut lüftbar sein. Das Kohlendioxid bewirkt auch, daß der gärende Wein (je nach Landschaft Federweißer, Rauscher, Neuer Wein oder ähnlich genannt) beim Abzapfen wie Limonade sprudelt.

Mit der Gleichung von Gay-Lussac ist freilich die alkoholische Gärung nur sehr vereinfacht beschrieben, es handelt sich um einen äußerst komplizierten Vorgang. Ein wichtiger Schritt zur Erforschung dieses Vorganges war 1860 die Erkenntnis von Louis Pasteur, daß Hefen die alkoholische Gärung verursachen. 1897 wiesen dann die Gebrüder Buchner nach, daß nicht die Hefe selbst, sondern die von den Hefen produzierten Enzyme die Gärung steuern. Die Enzyme sind (von Lebewesen erzeugte) Eiweißstoffe, die chemische Reaktionen bewirken, ohne selbst in die entstehenden Stoffe einzugehen.

An sich müßte nach der Gleichung von Gay-Lussac aus 100 g Zucker 51,1 g Alkohol entstehen. Tatsächlich entstehen aber nur rund 47 g. Der Unterschied ergibt sich zum einen daraus, daß die Hefen selbst Zucker verbrauchen, zum anderen entstehen viele Nebenprodukte, deren wichtigstes das Glyzerin ist, das das Geschmacksbild des Weines stark beeinflußt. Auch viele andere, für Geruch und Geschmack wichtige Stoffe sind Nebenprodukte der Gärung, ja sogar die im allgemeinen ungeliebte Essigsäure.

Schon eine geringfügige Änderung der Temperaturverhältnisse kann bedeuten, daß die Mengenverhältnisse der Gärungsprodukte sich so stark verändern, daß der Wein völlig anders schmeckt, ja verdorben sein kann.

Aufgabe des Kellerwirtes ist nun, diejenigen Bedingungen zu schaffen, unter denen aus dem vorhandenen Stoff ein möglichst schmackhaftes Getränk entsteht. Bedenken müssen wir aber immer, daß jeder Wein, trotz aller Bearbeitung, nur so gut sein kann wie das

Material war, aus dem er hergestellt wurde. Weitergehende Bearbeitungen wie Anreichern oder Entsäuern beseitigen nicht den Mangel (z. B. unausgereifte Trauben), sondern verdecken ihn nur, bisweilen freilich nahezu perfekt.
Wie man bei der Weinbereitung am besten vorgeht, ist auf Seite 53 (Schema) in Kurzform zusammengefaßt – als erste Orientierung und als Hilfe, damit man an keiner Stelle den Überblick verliert.

Ein wichtiger Tip: Schreiben Sie alles auf, was Sie mit Ihrem Wein anstellen. Nur so können Sie sicher sein, daß nichts vergessen wurde. Und wenn etwas schief geht, so können Sie wenigstens nachvollziehen, woran es liegt oder liegen könnte. Machen Sie ein Kellerprotokoll, ein Muster finden Sie auf Seite 54 abgedruckt. Dort lassen sich alle Angaben vermerken, die später von Interesse sein können.

Der Keller und die Geräte

Kellerräume

Im allgemeinen nimmt man an, daß Wein in ein dunkles, kühles, unterirdisches Gewölbe gehört. Tatsächlich erfüllt ein Keller auch nahezu ideal die Bedingungen, die an einen Raum zur Weinlagerung gestellt werden – wer einen solchen Keller besitzt, kann sich glücklich schätzen.

Heute werden leider kaum mehr richtige Weinkeller gebaut, glücklicherweise ist aber die Weinherstellung auch ohne diese idealen Räumlichkeiten möglich. Für die Zubereitung der Früchte bis zum Abschluß der Hauptgärung, also bis zum ersten Abstich, sind an einen Lagerraum kaum spezielle Anforderungen zu stellen:

- gut lüftbar (CO_2-Entwicklung)
- Boden und Wände leicht zu reinigen
- Wasser, wenn möglich Warmwasser zum Reinigen der Geräte in der Nähe
- Temperaturen von 15–20 °C,

kurz gesagt, jede Garage, jede Waschküche, ja jeder Hochhaus-„Keller“ ist für die erste Phase der Weinherstellung geeignet.

Schwieriger sind die Bedingungen zu erfüllen, die für die Zeit nach dem ersten Abstich, für den Ausbau, die Reife und die Lagerung ideal wären:

- Temperatur 10–14 °C (Schwankung höchstens 6 °C)
- möglichst wenig Erschütterung
- Luftfeuchtigkeit 60–70 %.

Diese Bedingungen sind natürlich nicht nur zur Hausweinbereitung ideal, sondern allgemein für die Lagerung von Wein, anderen Getränken und verschiedenen Lebensmitteln. Es lohnt sich also nicht nur in Hinblick auf die Weinbereitung, den Keller durch geeignete Maßnahmen so nahe wie möglich an den Idealzustand heranzubringen:

- der Keller soll möglichst auf der von der Straße abgewandten Seite des Hauses liegen
- der Keller soll weitgehend vom Erdreich umgeben sein
- Warmwasser- und Heizungsrohre sollten nicht durch den Keller führen, und wenn, dann zumindest gut isoliert sein
- der Fußboden sollte naturbelassen und/oder mit porösen „Kellerbodenplatten“ ausgelegt sein
- Innenwände und Türen können mit Styropor-Platten oder anderem vergleichbarem Dämmstoff isoliert werden
- alle Weine sind lichtempfindlich, Fenster daher verdunkeln (z. B. mit schwarzer Folie verkleben).

Vielleicht steht ohnehin die Überlegung an, zur Energieeinsparung eine Wärmepumpe aufzustellen. Schlagen Sie zwei Fliegen mit einer Klappe: Stellen Sie die Wärmepumpe in den Keller! Sie erzeugt dann Warmwasser, indem die Kellertemperatur um einige Grad abgesenkt wird.
Wichtig ist, daß man über die Temperatur- und Feuchtigkeitsverhältnisse im Keller genau Bescheid weiß. Bringen Sie ein Thermometer und ein Hygrometer an. Jetzt können Sie die Temperatur durch Öffnen und Schließen der Fenster regulieren, besonders in kühlen Nächten. Die Feuchtigkeit kann man durch Versprühen von Wasser erhöhen. Bedenken Sie: Je mehr die Temperatur über dem Optimum liegt, um so früher muß der Wein von der Hefe getrennt werden, um so früher muß der Wein abgefüllt werden und um so früher altert der Wein!
Auch an Anschlüsse für Wasser und Abwasser sollte man denken. Zur Reinigung von Fässern und sonstigen Geräten genügt zwar oft kaltes Wasser, aber häufig wird erst mit heißem Wasser genügend Sauberkeit erzielt. Leichter tut man sich, wenn auch ein Anschluß vorhanden ist, um einen (hitzebeständigen) Schlauch an die Warmwasserleitung anzuschließen. Eine besonders kräftige Reinigungswirkung bei geringem Wasserverbrauch ist mit einem Hochdruckreinigungsgerät zu erreichen, das man zwar kaum allein wegen der Weinherstellung anschaffen wird (Kosten rund 700 DM), das aber auch bei vielen anderen Gelegenheiten sinnvoll eingesetzt werden kann.

Die Geräte

Kunststoffgeräte?

Viele zur Weinherstellung benötigte Geräte werden aus Kunststoffen hergestellt. Daher seien diesem Kapitel einige Überlegungen über Kunststoffe in Küche und Keller vorangestellt.
In den letzten Jahrzehnten haben Kunststoffe in einem beispiellosen Siegeszug sich als Werkstoffe für Küchen- und Haushaltsgeräte durchgesetzt und viele früher gebräuchliche Materialien verdrängt. Das ist verständlich, haben doch Geräte aus Kunststoffen viele Vorteile:

- sie sind billig
- sie bringen wenig Gewicht
- sie sind in fast jeder passenden Größe herstellbar
- sie sind leicht zu reinigen
- sie sind fast unzerstörbar.

Dagegen wurde die Gefährlichkeit dieser Stoffe lange Zeit kaum beachtet. Möglicherweise sind viele Gefahren, die von Kunststoffen ausgehen, überhaupt noch nicht bekannt.
Zumindest aber weiß man bis heute, daß gesundheitsschädliche Stoffe freigesetzt werden können, entweder durch chemische Prozesse oder durch mechanische Beschädigungen. Besonders zwei Stoffgruppen sind hier zu nennen:

- Weichmacher: Viele Kunststoffe sind von Hause aus spröde und brüchig, erst durch den Zusatz von Weichmachern erhalten sie die bekannte Elastizität. Über die Giftigkeit dieser Stoffe weiß man noch längst nicht alles, aber sie sind mit großer Sicherheit krebserregend.

– Schwermetalle: In Kunststoffen wird häufig zur Einfärbung das Schwermetall Cadmium verwendet, ein Schwermetall, das besonders die Nieren schädigt.

Und außerdem sind Herstellung und Beseitigung von Kunststoffgeräten äußerst umweltbelastend.

Wo trotz dieser Gefahren nicht auf die Verwendung von Kunststoffgeräten verzichtet werden soll oder kann, sollte jedoch folgendes beachtet werden:

Gelbe, rote und orangefarbene Kunststoffe enthalten oft Cadmium. Ganz besonders häufig ist dies der Fall bei Billigerzeugnissen aus Asien! Zwar ist dies nicht immer so, doch läßt sich der Cadmiumgehalt ja nicht erkennen, wie meist auch nicht die Herkunft des Kunststoffgeräts. Meiden Sie also Gelb, Rot und Orange, weniger problematisch sind Geräte aus grauem, braunem oder beigem Material. Auf keinen Fall sollten Sie Farb-, Chemikalien- oder Waschmitteleimer für Lebensmittel verwenden, selbst dann nicht, wenn sie zuvor gründlichst gereinigt wurden! Die größere Gefahr geht nämlich nicht von den Rückständen des früheren Inhaltes aus, sondern vom Material, das eben bei Farbeimern usw. nicht lebensmittelecht sein dürfte.

Weichmacher, der Name sagt alles, werden verwendet, um an sich hartes, sprödes Material biegsam, geschmeidig zu machen. Es werden also um so weniger Weichmacher freigesetzt, je härter das Material ist.

In welchem Ausmaß schädliche Stoffe vom Behältnis auf den Inhalt übergehen, hängt auch sehr von den Bedingungen ab, unter denen die Behältnisse verwendet werden. Besonders vermieden werden sollten:

– Kratzer und Risse
– hohe Temperaturen
– lange Kontaktzeit
– saurer Inhalt
– stark fetthaltiger Inhalt.

Anders ausgedrückt, die Verwendung von Kunststoffgeräten ist um so eher hinzunehmen, je

– neuer, unbeschädigter das Gerät
– niedriger die Temperatur
– kürzer die Lagerzeit
– weniger sauer der Inhalt
– fettärmer der Inhalt ist

Was nun den Wein und die Früchte, aus denen er erzeugt wird, anbelangt, so kann der Gesichtspunkt „Fett“ und „Temperatur“ vernachlässigt werden. Aber Wein ist recht sauer, daher sollte besonders der Kontaktzeit Beachtung geschenkt werden. Die Früchte in Kunststoffeimern zu sammeln, in Kunststoffwannen zu transportieren, den von der Kelter ablaufenden Saft in Kunststoffeimern aufzufangen oder durch Kunststoffschläuche zu pumpen, dürfte wegen der kurzen Zeit, in der Frucht oder Saft mit dem Gerät Kontakt haben, wohl unproblematisch sein. Sehr schwierig zu beurteilen ist aber, ob es auch vertretbar ist, den Wein mindestens sechs Monate, oder unter Umständen mehrere Jahre lang, während der Gärung und des Ausbaues in Kunststoffässern zu lagern.

Daß nur geringste Mengen an Weichmachern vom Gefäß an den Wein abgegeben werden, sollte nicht dazu verleiten, das Problem zu vernachlässigen. Weichmacher sind auch in verschwindend geringen Spuren höchst gefähr-

lich, die krebsauslösende Wirkung gilt als nachgewiesen. In den USA wurde daher schon 1974 verboten, Wein in PVC-Flaschen abzufüllen.
Wenn also in diesem Buch gelegentlich die Verwendung von Kunststoffgeräten beschrieben wird, so mag der Leser über die in diesem Kapitel beschriebenen Gefahren dann selbst nachdenken. Dabei ist freilich auch zu berücksichtigen, daß im Gegensatz zum PVC dem Polyäthylen (PE) eine Schädlichkeit bislang hat kaum nachgewiesen werden können. Im Zweifel sollte daher PE vorgezogen werden. Aber das berüchtigte Restrisiko ist auch bei PE noch vorhanden.
Überlegt werden sollte immer, ob nicht auch Geräte aus Edelstahl, Glas oder Holz für den jeweiligen Zweck ebenfalls zu erschwinglichen Kosten erworben und unter tragbaren Bedingungen (Sauberhalten!) verwendet werden können.

Grundausstattung

Es gibt wohl kein Hobby, bei dem man ganz ohne Spezialgeräte auskommt. Bei der Weinbereitung halten sich die Kosten für eine Mindestausstattung erfreulicherweise in Grenzen: Für etwa 100,– DM bekommt man:

Glaskolben (15-l-Ballon)
Glaskolben (10-l-Ballon)
Gäraufsatz
Oechslewaage mit Zylinder
Säuremeßzylinder
1 m Kunststoffschlauch

Damit sind schon alle Geräte genannt, die in jedem Fall zur Weinbereitung beschafft werden müssen. Alles andere läßt sich zumindest für den Anfang improvisieren mit Hilfe von Dingen, die eigentlich in jedem Haushalt vorhanden sind:

Kunststoffeimer
Kaffeefilter
Trichter
Leinen- oder Perlontücher

Im Laufe der Zeit wird sich dann herausstellen, welchen Umfang das Hobby annimmt, und man wird aus der gewonnenen Erfahrung heraus auch besser entscheiden können, ob man das eine oder andere Gerät tatsächlich braucht. Eine komplette Ausstattung für 1000–1700 DM wird sich nur der zulegen, der Wein in größeren Mengen herstellt. Die nachfolgende Tabelle soll einen groben Überblick bieten, mit welchen Kosten Sie rechnen müssen, wenn Sie diese Grundausrüstung vervollständigen wollen.

Ein Rat:
Improvisieren Sie lieber, als daß Sie ein Gerät kaufen, das zwar billig ist, aber dann über kurz oder lang seinen Zweck doch nicht voll erfüllt. Später werden Sie dann immer doch das teurere, aber zweckmäßige Gerät kaufen!

Geräte zur Maische- und Mostherstellung

Zunächst eine Erläuterung der hier verwendeten Begriffe:
Im deutschen Sprachraum wechseln die bei der Weinherstellung verwende-

Geräte zur Weinbereitung und ihre Kosten (Stand 1987):

	Geräte für kleinere Mengen (Ballonkulturen)	DM	Geräte für größere Mengen (Faß)	DM
Gärbehälter	5-l-Ballon	10,–	60-l-Faß (Kunststoff)	60,–
	10-l-Ballon	20,–	120-l-Faß (Kunststoff)	80,–
	15-l-Ballon	25,–	220-l-Faß (Kunststoff)	120,–
	25-l-Ballon	35,–	Gäraufsätze, je	5,–
	Gäraufsätze, je	3,–		
Transport-behälter	1 Kunststoffzuber (20 l)	6,–	5 Kunststoffzuber (40 l), je	8,–
	2 Kunststoffeimer (10 l)	6,–	3 Kunststoffeimer (10 l)	10,–
Mahl- und Preßgeräte	Beerenpreßvorsatz	50,–	Mühle (OM 10)	400,–
	und Fleischwolf	70,–	Presse (OP 40)	900,–
	oder elektr. Entsafter	150,–		
Kleingeräte	1 m Schlauch	3,–	2 m Schlauch	6,–
	Flaschenbürste	5,–	Blaseblalg	10,–
	Handverkorkapparat	20,–	oder Pumpe	25,–
	Filtrierapparat (Kaffee-filter)		Verkorkapparat, Metall	30,–
			Flaschenbürsten	5,–
			Filter	50,–
Meßgeräte	Oechslewaage	30,–	Oechslewaage (0–130°)	30,–
	Säuremeßzylinder	10,–	Oechslewaage (– 10+20°)	25,–
	Meßzylinder (250 ml)	15,–	Meßzylinder (250 ml)	15,–
			Meßzylinder (100 ml)	10,–
			Säuremeßzylinder, auch für ges. schweflige Säure	20,–
			Erlenmeyer-Kolben (250 ml)	10,–
Gesamtkosten	Grundausstattung	100,–	ohne Keltereinrichtung	400,–
	komplettes Sortiment	300,–	Komplettausstattung	1700,–

ten Fachausdrücke von Landschaft zu Landschaft, selbst innerhalb von Gebieten, in denen derselbe Dialekt gesprochen wird, können sie verschiedene Bedeutungen haben.
In diesem Buch wird einheitlich verwendet:

- Maische: Brei aus gemahlenen oder zerdrückten Früchten mitsamt den Häuten und Kernen
- Most: der aus der Maische durch Abpressen oder Ausdrücken gewonnene Fruchtsaft
- Wein: aus dem Most durch alkoholische Gärung gewonnenes Endprodukt.

Der Begriff „Most" wird allerdings auch für Apfel- und Birnenwein verwendet. Dort, wo die Gefahr einer Verwechslung besteht, wollen wir daher für den noch nicht gärenden (frisch gepreßten) Fruchtsaft auch die Bezeichnung „Saft" verwenden, auch wenn dem entgegengehalten werden kann, daß man im allgemeinen Sprachgebrauch unter „Saft" das Endprodukt „unvergorenes aus Früchten gewonnenes Getränk" versteht.
Die eigentliche Weinbereitung beginnt dann damit, aus Früchten Maische und aus Maische Saft zu machen – üblicherweise mit Mühle und Presse.
Vor dem Kauf einer Mühle sollte zuerst überlegt werden, welche Früchte überwiegend verarbeitet werden sollen. Für Äpfel, Birnen, weiße Trauben und andere Beerenfrüchte genügt durchaus ein einfaches Modell. Dennoch dürfte es angebracht sein, sich gleich ein Gerät anzuschaffen, das auch zum Mahlen von Steinobst geeignet ist. Werden beim Mahlen nämlich zu viele Steine zerquetscht, so kann bei der Gärung die gesundheitsschädliche Blausäure freigesetzt werden. Nur bei einem – teureren – Gerät mit verstellbarem Walzenabstand bleiben die Steine weitgehend heil. Es gibt auch Mühlen, bei denen die Walzen durch ein zweites, speziell für Steinobst geeignetes Walzenpaar ersetzt werden können.
Ebenso werden Geräte angeboten, die das Abbeeren und das Mahlen der Trauben in einem Arbeitsgang erledigen. Solche handgetriebenen Geräte kosten knapp 1000 DM, motorgetrieben dann aber fast 2000 DM. Das ist viel Geld. Aber bereits bei jährlich einigen hundert Litern Rotwein lohnt sich die Überlegung, ob die Mehrausgabe nicht doch sinnvoll ist, denn das Abbeeren von Hand ist eine mühsame Sache.
Ob Sie ein motorgetriebenes Gerät benötigen, hängt erst in zweiter Linie von den zu verarbeitenden Mengen ab, denn auch mit Handbetrieb lassen sich 1000 kg Trauben stündlich recht mühelos verarbeiten. Eher sollten Sie bedenken, daß bereits einige Zentner Kernobst mit festem Fruchtfleisch sehr viel Kraft kosten. Wenn Sie daher Apfelmost zubereiten möchten, sollten Sie schon an eine motorgetriebene Mühle denken.
Beim Kauf einer Presse stellt sich zunächst die Grundsatzfrage nach der günstigsten Bauart. Man unterscheidet:
Korbpressen: die klassische Bauart, bei der der Stempel von oben auf das in einem Preßkorb liegende Preßgut drückt. Mechanisch über Spindeltrieb oder hydraulisch betrieben bei Hobby-Pressen am meisten verbreitet.

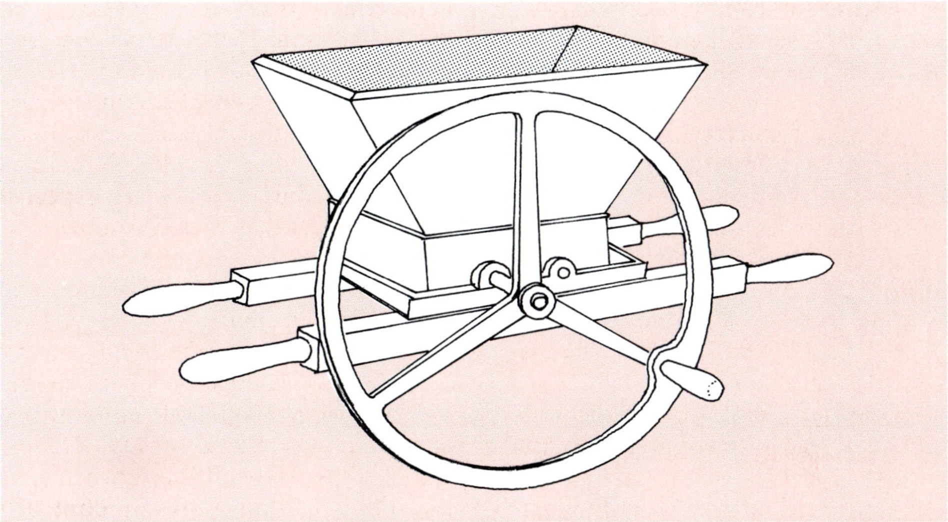

Mit einer handbetriebenen Mühle kann man schon größere Mengen an Früchten verarbeiten.

Pneumatische Pressen: ein Gummibalg wird mit Hilfe von Preßluft aufgepumpt und preßt die Maische gegen die Außenwand des Pressen-Körpers. Für den Hobbywinzer (der ja wohl kaum über Preßluft verfügt) gibt es eine pfiffige Abwandlung: Ein Gummibalg wird mit Hilfe des Wasserleitungsdruckes mit Wasser gefüllt und preßt so die Früchte aus. Die Parapress von Arauner arbeitet nach diesem Prinzip, aber das Gerät ist zu klein, in einem Arbeitsgang können nur 2 kg Früchte verarbeitet werden. Andere, leistungsstärkere Geräte liefern Wahler und Gartenkraft (vergl. Bezugsquellen S. 142).

Packpressen: das Preßgut wird in flachen Kuchen in Tücher eingeschlagen und zwischen Holzrosten aufgestapelt (gepackt). So werden bis zu zwanzig solcher Kuchen auf einmal ausgepreßt. Bei der Kelterung von Kernobst werden überwiegend Packpressen verwendet, bei Wein dagegen wegen des hohen Arbeitseinsatzes beim „Packen" nur selten. Für den Hobbywinzer spielt das aber wohl nicht die Rolle, zumal andererseits der Preßvorgang besonders schnell geht. Die Firma Rink liefert hydraulische Packpressen in verschiedenen Größen. Nach Aussagen der Lieferfirma können mit dieser Presse Trauben auch ohne vorheriges Mahlen gepreßt werden. Mag sein, aber Mahlen bringt sicher die bessere Ausbeute.

Für die professionellen Weinerzeuger gibt es noch weitere Bauarten, so z. B.:

Horizontalpressen: eine (oder auch beidseitig zwei) Spindel(n) drücken von außen waagrecht auf das Preßgut. Heute in der Weinwirtschaft am weitesten verbreitet, für den Hobbybedarf

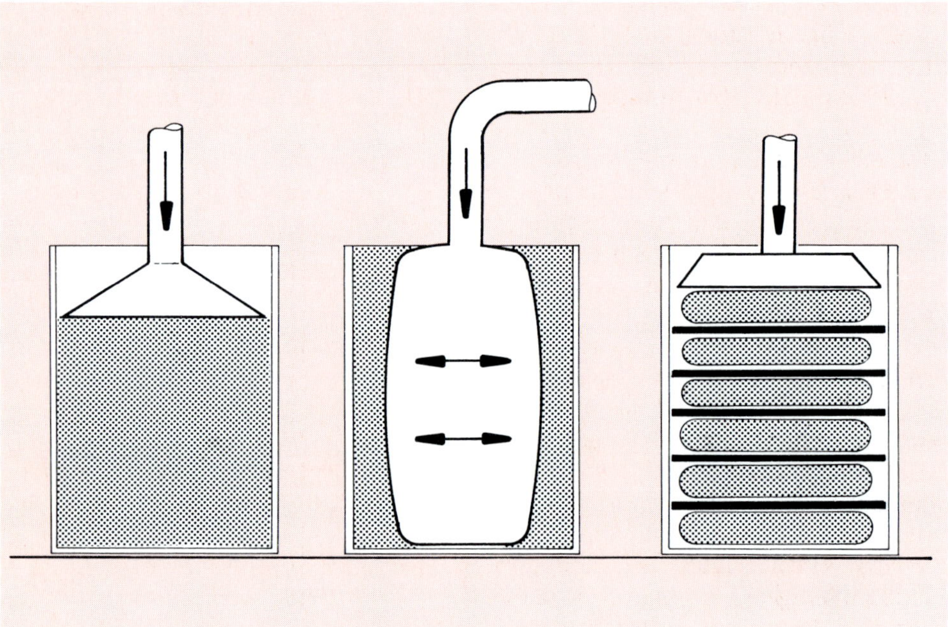

Bautypen von Hobbywinzer-Pressen: links die Korbpresse, in der Mitte die Wasserdruckpresse und rechts die Packpresse.

gibt es noch kein vergleichbares Gerät.
Kontinuierlich arbeitende Systeme: Schneckenpressen und Bandpressen erlauben eine kontinuierliche Zuführung der Trauben ohne das zeitraubende Ausräumen der Trester und erneute Einfüllen der Trauben. Keine Geräte für den Hobbywinzer.
Für alle Bauarten werden in der Fachliteratur Vor- und Nachteile angeführt. Der Korbpresse wird nachgesagt, daß wegen des dicken Tresterkuchens der Most wenig Trubstoffe enthält und zudem wenig Sauerstoff aufnimmt. Andererseits vermindern auch schnell arbeitende Systeme wie die Packpresse wiederum die Sauerstoffaufnahme. Ein möglicherweise hoher Trubanteil läßt sich durch Vorklären (S. 68) wieder ausgleichen. Es wird eher so sein, daß sich positive wie negative Einflüsse auf die Mostqualität letztlich ausgleichen. Für die Kaufentscheidung werden Handhabung und Preis den Ausschlag geben. Und da scheint die Korbpresse ins Hintertreffen zu kommen. Hauptnachteil der Korbpresse ist, daß eine genügende Ausbeute nicht bei einem Preßvorgang erreicht werden kann, sondern daß sehr umständlich mehrmals der Tresterkuchen aus der Presse herausgeholt, aufgekrümelt und dann erneut gepreßt werden muß. Bei der Wasserdruckpresse sind zwar auch mehrere Durchgänge nötig, die aber sehr viel weniger Zeit benötigen. Und

bei der Packpresse genügt ein Durchgang völlig. Besonders bei Kernobstmaischen sind schon für kleinere Mengen Packpressen den Korbpressen vorzuziehen.
Rotweinmaische (und die Maische vieler Fruchtweine) ist beim Abpressen schon angegoren und dann leichter zu verarbeiten, so daß Mengen bis 500 kg noch mit Korbpressen fast mühelos angegangen werden können.
Selbst eine handgetriebene Hydraulik erleichtert die Arbeit mit der Korbpresse nicht wesentlich, schon eher dann eine motorgetriebene Hydraulik, die aber auch recht teuer ist. Wenig brauchbar sind Spindelpressen, bei denen der Preßdruck ohne Übersetzung erzeugt werden muß. Sie sind zwar deutlich billiger, bringen aber trotz Einsatz aller Kräfte nur eine geringe Saftausbeute.
Pressen werden oft nach dem Korbinhalt bezeichnet, so faßt etwa die „OP 40" 40 l Maische. Angeboten werden Pressen ab 5 l. Kleine Pressen (unter 20, eher 40 l Korbinhalt) sind jedoch wenig sinnvoll, weil so geringe Mengen zur Not auch anderweitig verarbeitet werden können, zumal schon eine 5-l-Presse fast 400 DM kostet.
Bei Mühle und Presse muß unbedingt – auch beim Neukauf – darauf geachtet werden, daß alle Teile, die mit Wein in Berührung kommen, aus säurebeständigem Material hergestellt sind, also etwa aus Holz, Kunststoff, Edelstahl, Aluminium; diese Werkstoffe sind unempfindlich gegen die im Most und Wein enthaltenen Säuren. Eisen, Kupfer, Messing und Zink dagegen werden von den Säuren angegriffen, es

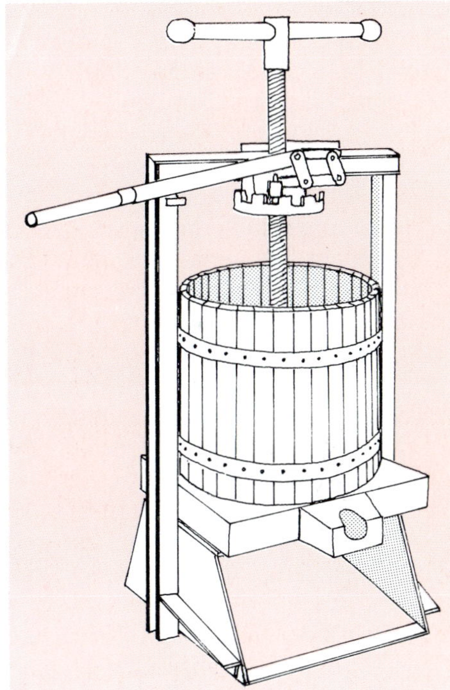

Die handbetriebene Spindelpresse mit ausgeklügeltem Druckwerk ermöglicht ein kräftesparendes Arbeiten. Allerdings dauert ein Preßvorgang doch recht lange. Schneller und wirkungsvoller ist eine hydraulische Presse.

entstehen chemische Verbindungen, die Trübungen und Geschmacksfehler hervorrufen, schlimmstenfalls sogar giftig sind und den Wein ungenießbar machen. Sind demnach Teile aus diesen säureempfindlichen Metallen hergestellt, so müssen sie zumindest mit säurefestem Kelterlack gestrichen werden.
Wenn das Preßbiet aus lackiertem Metall besteht, so sollten Sie bedenken, daß schon kleinste Beschädigungen des

Lackes zu Metalltrübungen führen können und es daher einer laufenden Pflege bedarf. Besser sind Preßbiete aus Holz oder Edelstahl. Für den Preßkorb gilt in abgeschwächter Form dasselbe.

Ganz abzuraten ist von jenen Pressen, bei denen die Maische die Spindel ungeschützt umschließt; bei dieser Bauart ist gar nicht zu vermeiden, daß der Most Metall aus der Spindel aufnimmt.

Es gibt auch Hobbykellerwirte, die eine jener Pressen benutzten, wie sie früher, vor Aufkommen der elektrischen Waschmaschinen bzw. Wäscheschleudern, für das Trockenpressen der Wäsche verwendet wurden. Für diese Wäschepressen wurde hauptsächlich Zinkblech verwendet, sie sind also keinesfalls geeignet. Außerdem ist auch der Preßdruck für eine befriedigende Ausbeute ungenügend.

Vielleicht finden Sie aber auch ein paar Gleichgesinnte, mit denen Sie die hohen Kosten einer Presse teilen können. Wer technisch begabt ist, kann sich auch aus Eisenträgern und einem Wagenheber eine sehr brauchbare Presse bauen.

Vielleicht gelingt es Ihnen auch, recht preiswerte gebrauchte Keltergeräte zu finden, in Süddeutschland ist dies durchaus möglich.

Die Weinherstellung mit Mühle und Presse ist natürlich das „professionellste" Verfahren. Kleinere Mengen können aber auch mit Geräten bearbeitet werden, die in vielen Haushalten sowieso vorhanden sind:

Beim **Dampfentsafter** werden Fruchtfleisch und Saft durch Dampfeinwirkung voneinander getrennt, der abfließende Saft unterscheidet sich beträchtlich von einem kalt gepreßten Most. Durch die Hitzeeinwirkung wird der Saft in seiner Zusammensetzung stark verändert, und außerdem werden alle jene Kleinstlebewesen abgetötet, die sonst in und auf den Früchten leben, beim Abpressen mit in den Most gelangen und die Gärung beeinflussen. Durch Dampfentsaftung gewonnener Saft ist deshalb haltbar, eine Gärung jedoch kommt zunächst nicht in Gang. Wenn aus diesem Saft Wein werden soll, so muß unbedingt Weinhefe zugegeben werden (Seite 62), aber erst, wenn der Saft auf etwa 20 °C abgekühlt ist. Wird die Hefe dem noch heißen Saft zugegeben, so stirbt auch diese ab. Zur Weinherstellung eignet sich das Dampfentsaften daher kaum. Denkbar ist allenfalls eine Kombination mit dem ebenfalls behelfsmäßigen Ausdrücken der Früchte in einem Sieb und Siebtuch. Dazu werden die Früchte bestmöglich durch Ausdrücken vorentsaftet, das verbleibende Fruchtfleisch wird danach dampfentsaftet. Der so gewonnene Saft wird nach Abkühlung zum ausgepreßten Saft gegeben und mit diesem zusammen vergoren.

Auch ein **Fleischwolf,** mit einem Zusatzgerät versehen, dem Beerenpreßvorsatz, kann zur Mostgewinnung verwendet werden, ebenso ein **elektrischer Entsafter.** Aus beiden Geräten kommt der Most sehr trüb, was aber durch Vorklären (Seite 65) etwas ausgeglichen werden kann. Die Verarbeitung größerer Mengen ist nur mit erheblichem Zeitaufwand möglich, die Ausbeute vergleichsweise ungenügend. Hauptnachteil ist aber, daß die in den Früchten vorhandenen Farbstoffe nur

unvollkommen herausgelöst werden können, weshalb nur wenig gefärbte Weine entstehen.
Früchte mit weichem Fruchtfleisch lassen sich auch einfach mit der Hand oder mit einem „Moster“ oder einer leeren Flasche zerdrücken und brauchen nicht gemahlen zu werden.
Läßt man die Maische gut aufschließen, d.h. einige Zeit (12 bis 24 Stunden) ziehen, so kann das Auspressen

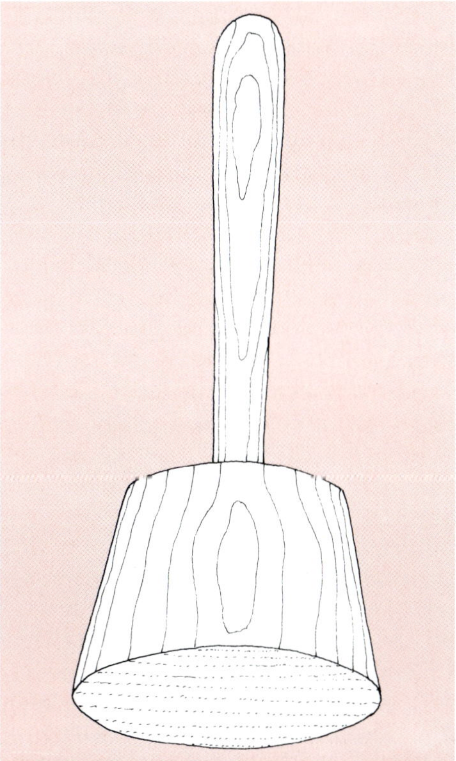

Mit einem solchen Moster aus Holz können Früchte mit weichem Fruchtfleisch zerkleinert oder zerstampft werden. Auch eine Weinflasche kann diesen Zweck erfüllen.

bei kleinen Mengen auch von Hand versucht werden: Dazu ein Tuch in ein genügend großes Sieb legen; das Tuch kann aus Leinen oder Perlon sein, auch eine Stoffwindel ist gut geeignet. Maische in diesem Tuch gut abtropfen lassen und fest ausdrücken. Eventuell den Trester zerkrümeln und Vorgang wiederholen. Oder machen Sie's wie die alten Ägypter: Maische in ein Tuch einschlagen und dann auswringen wie ein Wäschestück!
Obst mit festem Fruchtfleisch – Äpfel, Birnen – kann dagegen nur mit einer Mühle gemaischt werden. Allenfalls für kleinste Mengen ist der Schneidestab eines Küchenmixers geeignet. Dieses Gerät empfehle ich aber nicht, weil die Früchte zu sehr zerrieben werden, so daß der Most dann sehr viele Trubteile enthält.
Die Ausgabe für eine Presse läßt sich auch vermeiden, wenn man den fertig gepreßten Most kauft, was bei Traubenwein in fast allen Kellereien möglich ist. Auch Apfelmost ist in Süddeutschland fertig gepreßt erhältlich.
Aber nur derjenige, der den Most aus Früchten selbst bereitet, hat es uneingeschränkt in der Hand, wie die Früchte bis zur Kelterung behandelt werden – wer fertigen Most kauft, hat keinen Einfluß auf Schwefelung, Enzymbehandlung oder Erhitzung der Maische oder des Mostes. Weshalb dies wichtig sein kann, wird im Abschnitt „Von der Traube zum Most“ (Seite 55) deutlich.
In Wein- und Apfelweingegenden gibt es auch Betriebe, die im Lohnverfahren das Mahlen und Pressen übernehmen. Für 100 kg Trauben kostet Mahlen und Pressen weniger als 20 DM!

Die schwer preßbaren Äpfel und Birnen werden vernünftigerweise in der „Mosterei“ gemahlen und gepreßt. Es gibt sie in Württemberg noch häufig, leider wird es aber immer seltener, daß man auch den Saft aus dem eigenen Obst bekommt. Oft, besonders in Apfelsaft-Fabriken, ist es üblich, die Äpfel abzugeben und im Tausch eine entsprechende Menge Saft zu erhalten.

Gär- und Lagerbehälter

Überblick

Der Hobby-Kellerwirt wird zur Weinbereitung als Gärbehälter verwenden:

Holzfässer
Kunststoffässer
Glasballons

Die Weinindustrie verwendet daneben noch Behälter aus Metall (emailliert oder aus Edelstahl) und Beton (mit Glas oder Kunststoff ausgekleidet). Diese Behälter kommen jedoch ihrer Größe nach für uns nicht in Frage.

Ganz gleich, welche Art von Behältern Sie wählen, Sie sollten immer verschieden große kaufen. So kann z. B. eine Menge von 10 l zunächst in einem 15-l-Ballon vergoren werden (⅓ Steigraum); nach dem ersten Abstich ist jetzt ein 10-l-Ballon randvoll – „spundvoll“.

Holzfässer

Mit dem Wort Keller verbindet sich für uns auch die Vorstellung von Holzfässern.

In der Tat gibt es kaum etwas Stimmungsvolleres als einen (Holz-)Faßkeller. Wenn wir jedoch Weinherstellung kompromißlos an dem orientieren, was wir später im Glas finden, so müssen wir – auch was den Gär- und Lagerbehälter betrifft – unsentimental Vor- und Nachteile abwägen.

Dabei ergeben sich zwei ins Auge fallende Unterschiede zwischen Holz und den übrigen Materialien:

1. Holz ist porös: Flüssigkeit verdunstet durch die Faßwand, Luft dringt in das Faß. Die Verdunstung ist umso größer, je größer die Oberfläche im Verhältnis zum Inhalt ist. Es ist nun eine mathematisch belegbare Tatsache, daß die Oberfläche verhältnismäßig um so größer ist, je kleiner das Faß ist*. Fässer unter 200 l Inhalt bedeuten einen so starken Schwund durch Verdunsten und eine so große Sauerstoffaufnahme, daß derart kleine Holzfässer sich von vornherein verbieten. Auch größere Holzfässer sollten nur für solche Weine verwendet werden, bei denen Sauerstoff nicht schadet, vor allem für Rotweine.

2. Holz hat keine völlig glatte Oberfläche: An den Unebenheiten haften Schmutz und Rückstände, die nur bei äußerster Sorgfalt so entfernt werden können, daß der Wein keinen Schaden nimmt.

Daraus braucht nun nicht gleich ge-

---

* *Werden alle Maße eines Körpers z. B. verdoppelt, so vervierfacht sich die Oberfläche, während der Rauminhalt sich bereits verachtfacht! Am Würfel ist dies sehr anschaulich nachzuvollziehen. Dies ist übrigens auch der Grund dafür, daß früher gelegentlich Riesenfässer gebaut wurden, wie etwa jenes in Heidelberg.*

schlossen zu werden, daß jedes Holzfaß zu Brennholz verarbeitet werden soll – wer ein intaktes Holzfaß besitzt, der mag es weiter regelmäßig befüllen. Eine Anleitung zur Pflege von Holzfässern ist im Anhang abgedruckt.
Wer aber Fässer neu kauft, dem kann nach heute geltenden Gesichtspunkten ein Holzfaß nicht empfohlen werden – abgesehen davon, daß ein Holzfaß fast doppelt soviel kostet wie ein Kunststoffaß gleicher Größe.
Schließlich spricht gegen ein Holzfaß auch noch das hohe Gewicht, das sich vor allem beim Ablassen und beim Reinigen der Fässer besonders nachteilig bemerkbar macht.

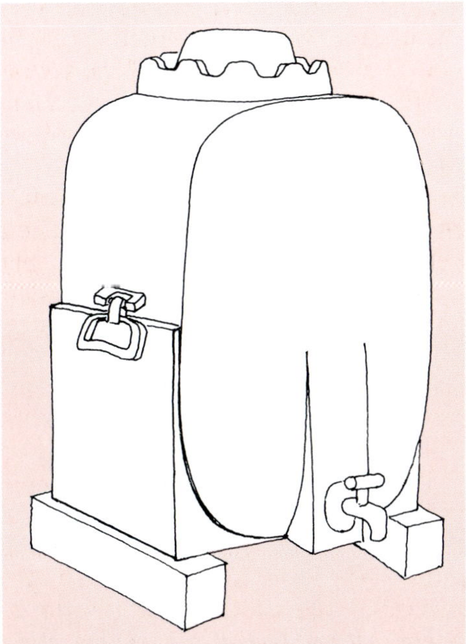

Die Form dieses gesattelten Fasses entspricht der vom Holzfaß bekannten Form.

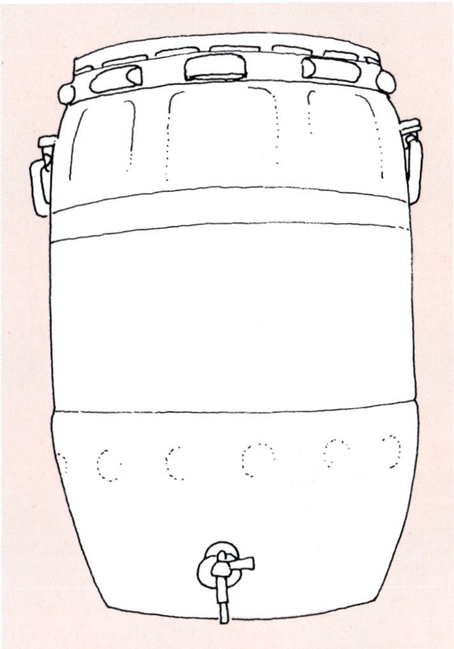

Ein solches Weithalsfaß ist leicht zu reinigen.

Eine Quelle ständigen Ärgers ist auch die Zugschraube der Faßtürchen, bei der ständig die Gefahr besteht, daß sie Eisen an den Wein abgibt und so Ursache für schwer zu beseitigende Weinfehler wird. Selbst ein Verstreichen mit Talg („Unschlitt"), wie auf S. 139 beschrieben, beseitigt dieses Problem nicht vollkommen. Dann wäre es schon besser, gleich Fässer ohne Türchen zu bauen. Aber auch das ist nicht die wahre Lösung; diese Fässer sind kaum richtig zu reinigen. Nur die Verwendung von Zugschrauben aus Edelstahl schafft Abhilfe, jedoch waren bei älteren Fässern, und gerade Holzfässer sind zum Teil uralt, eben die eisernen Schrauben üblich.

Kunststoffässer

Auf die Gefahren der Verwendung von Kunststoffen bei der Weinlagerung wurde auf S. 16 eingegangen. Dennoch haben hier Kunststoffässer einige unbestreitbare Vorteile:

- sie können auch schon für kleinere Mengen, ab 30 l, sinnvoll eingesetzt werden
- sie sind absolut problemlos in der Pflege, heißes Wasser und eine Bürste genügen völlig
- sie sind leicht und damit beliebig zu handhaben, sei es zur Reinigung oder zum Weintransport.
- sie sind billig
- sie können auch über einen langen Zeitraum ohne besondere Vorsorge leerstehen.

So führt trotz mancher Bedenken angesichts dieser Vorteile letztlich kaum ein Weg an der Verwendung von Kunststoffässern vorbei. Zur Beruhigung unseres Gewissens mag beitragen:

- Kunststoffässer sind blau oder ungefärbt, enthalten also keinesfalls Cadmium
- Kunststoffässer sind zumeist aus dem weniger problematischen Polyäthylen (PE), selten aus PVC
- Weichmacher brauchen für Kunststoffässer nur in geringen Mengen verwendet zu werden.

In der Fachliteratur wird darauf verwiesen, daß PE hinsichtlich der Gasdichte Mängel hat, was bewirkt, daß darin gelagerter Wein Sauerstoff aufnimmt und damit schneller reift und früher altert. Dem kann freilich entgegengehalten werden, daß Holzfässer hier zumindest nicht besser abschneiden; Vergleichstests haben das bewiesen. Wenn schon Kunststoff, dann lieber das wenig gasdichte PE als das gesundheitsschädliche PVC.

Kunststoffässer gibt es in verschiedenen Typen, wie die Abbildungen zeigen. Alle diese Faßformen haben Vor- und Nachteile. So sind Weithalsfässer leicht zu reinigen, aber bauartbedingt nur schwer spundvoll zu halten. Gesattelte Fässer haben den Vorteil, daß durch die abgerundete Form unten sich die Hefe sehr kompakt sammelt und oben die Kontaktfläche Luft/Wein relativ gering ist.

Zum Faß gehört auch der Hahn. Auch hier gibt es verschiedene Typen. Sehr

Dieses stehende Faß mit engem Hals hat den Vorteil, daß die Grenzfläche Wein/Luft möglichst klein gehalten werden kann.

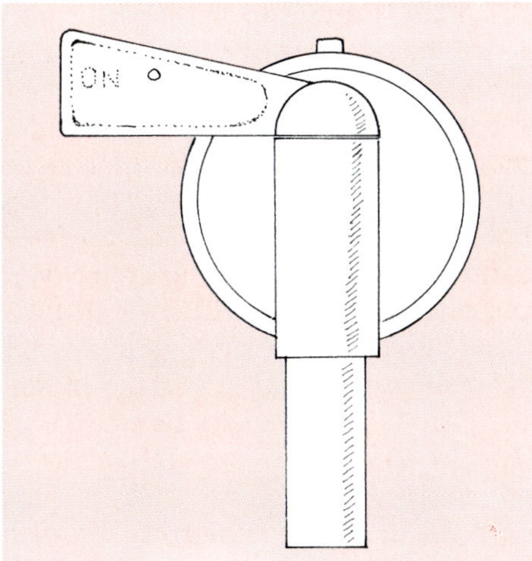

Mit diesem Kunststoffhähnchen läßt sich der Abstich besonders leicht bewerkstelligen, da am glatten Auslauf ein Schlauch problemlos angebracht werden kann.

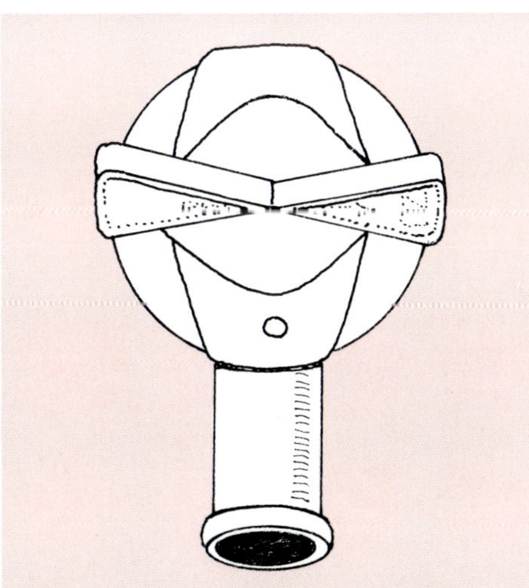

Diese Bauart des Kunststoffhähnchens ist nicht so günstig: Über den Wulst läßt sich kein Schlauch aufschieben.

zu empfehlen ist ein Hahn mit glattem Auslauf und einem Außendurchmesser von 10 mm. Auf diesen Hahn paßt ein Schlauch mit Innendurchmesser 10 mm, damit erleichtert sich der Abstich ganz wesentlich.

Es gibt Fässer, bei denen das Gewinde zum Einschrauben des Hähnchens schon eingearbeitet ist, bei anderen muß erst ein Loch gebohrt werden. Achten Sie darauf, daß das Loch nur minimal größer ist als der Außendurchmesser des Gewindes des Hähnchens. Das Hähnchen wird dann mit einer Mutter festgeschraubt (Mutter also beim Kauf nicht vergessen!). Das Loch für das Hähnchen muß einerseits so hoch angebracht werden, daß die Hefe in jedem Fall noch mindestens 1–2 cm unterhalb bleibt, andererseits darf beim Ablassen auch nicht zuviel klarer Wein im Faß verbleiben. Bei stehenden Fässern wird ein Abstand vom Boden von 6 (60-l-Faß) bis 10 cm (120-l-Faß) richtig sein.

Beim Anbringen des Hähnchens unbedingt eine Gummidichtung einsetzen, die auch alle paar Jahre erneuert werden sollte. Hier nicht am falschen Platz sparen; so manches Faß war schon am Morgen nach dem Befüllen halb leer!

Beim Reinigen der Fässer nicht vergessen, auch das Hähnchen zu reinigen. Es gibt spezielle Bürstchen hierfür, aber auch Bürstchen für Babysauger sind geeignet.

Glasballons

Gerade Hausweinbereiter verwenden in großem Umfang Glasballons als Gär- und Lagerbehälter. Die angebotenen Größen entsprechen auch sehr unseren

Bedürfnissen: Es sind Größen von 5 bis 50 l gebräuchlich. Vorteilhaft ist auch, daß der Wein leicht zu kontrollieren ist: Man sieht, wieviel Wein noch im Behälter ist, und man sieht auch, wie weit der Wein schon geklärt ist. Beim Abstich kann auch beobachtet werden, ob die Gefahr besteht, daß Trub mit angesaugt wird. Dazuhin ist Glas ein Werkstoff, der sehr leicht zu reinigen ist. Die Form der Behälter erschwert allerdings die Reinigung. Es gibt zwar spezielle Ballonreinigungsbürsten, aber sie sind technisch nicht ganz befriedigend.

Sand, wie gelegentlich, auch in den früheren Auflagen dieses Buches, empfohlen, sollte nicht zur Reinigung der Ballons verwendet werden. Er verursacht Kratzer, und im Laufe der Zeit wird das Reinigen nur noch schwieriger.

Ein weiterer Nachteil der Glasballons ist, daß eine Entnahme nur über einen Schlauch oder eine spezielle Abfüllvorrichtung (Weinheber) möglich ist. Es gibt aber auch Ballons mit Ablaßvorrichtung, meist ab 15 l Inhalt.

Edelstahltanks

Kein Zweifel: Technisch gesehen ist Edelstahl ein idealer Werkstoff für die Weinlagerung: Er ist chemisch äußerst stabil, die Behälter sind leicht zu reinigen, können leerstehen und sind lange haltbar. Gesundheitsschädliche Stoffe werden nicht an den Wein abgegeben. Daß ein Edelstahltank wesentlich schwerer ist als ein Kunststoffaß, ist weniger schlimm. Leider gibt es aber auch einen sehr wesentlichen Nachteil: Edelstahltanks werden nur in Größen ab 50 l angeboten und sind sehr teuer; ein 135-l-Edelstahltank kostet über 400 DM, ein gleich großer Kunststoffbehälter gerade 100 DM. Wen diese Preise erschrecken, der sollte aber auch bedenken, daß der Preis für Holzfässer nur mehr geringfügig unter dem der Edelstahltanks liegt!

Billiger, da sie wohl in größeren Serien hergestellt werden, sind Edelstahl-Bierfässer. Doch sind sie kaum für die Weinlagerung geeignet, da ihre Öffnungen zu klein sind, um sie mit Bürsten reinigen zu können.

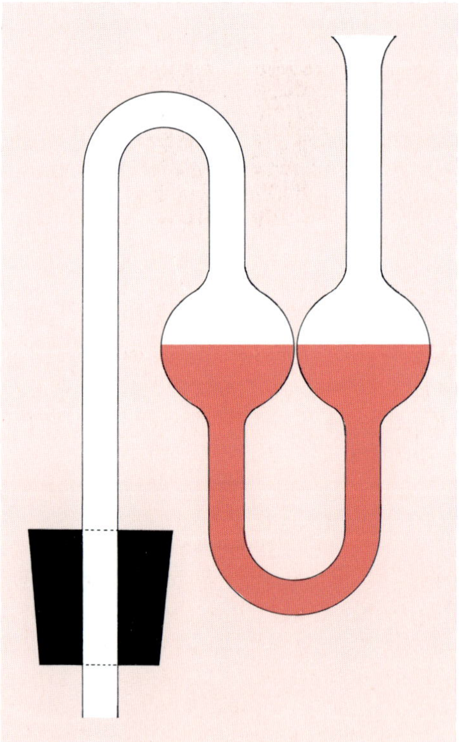

Diese Neßlersche Gärröhre erfüllt ihren Zweck während der Gärung. Als Lager- und Zapfspund ist sie weniger geeignet.

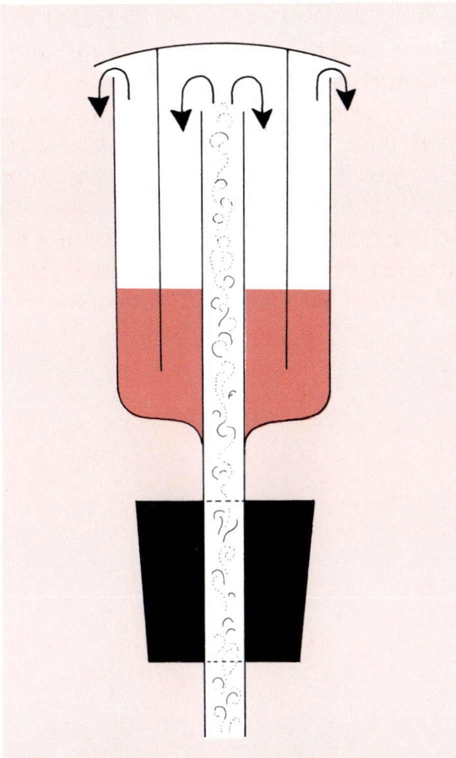

Ein solcher Gärtrichter (Hobby, Duplex) ist vor allem als Lager- und Zapfspund sehr gut geeignet. Er funktioniert einfach und sicher.

Gäraufsatz

Bei jedem der hier beschriebenen Behälter wird das Spundloch mit einem Gäraufsatz verschlossen, wodurch mehrere Ziele erreicht werden:

1. Das bei der Gärung entstehende Kohlendioxid erzeugt einen leichten Überdruck und legt sich als schützende Schicht über den Wein.
2. Insekten, Staub und Keime können nicht in den Wein gelangen.
3. Der Gärverlauf läßt sich durch Beobachtung der CO_2-Blasen kontrollieren.

Grundsätzlich sind alle angebotenen Typen geeignet. In letzter Zeit hat sich aber der auf Seite 25 rechts abgebildete Gäraufsatz weitgehend durchgesetzt, vor allem, weil er leicht zu reinigen ist und weil er auch als Zapfaufsatz verwendet werden kann.

Während der Zeit der Gärung wird der Gäraufsatz mit einer Flüssigkeit gefüllt, danach, also nach dem ersten Abstich, mit einer Trockenfüllung.

Als Flüssigfüllung genügt Wasser vollauf, die Verwendung von keimmindernden Flüssigkeiten (Alkohol, SO_2-Lösung und dergleichen) ist unnötig, da während der Gärung ja ein Überdruck im Faß herrscht und daher nur in Ausnahmefällen Luft in das Faß gesaugt wird (etwa bei starker Abkühlung und beim Abzapfen, und dann auch nur bei Beginn und bei Ende der Gärung).

Als Trockenfüllung wird ein Gemisch aus Kaliumdisulfit und Zitronensäure verwendet. Einzelheiten darüber in Abschnitt Abzapfen vom Faß (Seite 92).

Flaschen

Wer seinen Wein auf Flaschen ziehen will – wegen der größeren Haltbarkeit zu empfehlen –, der sollte schon bald anfangen, Weinflaschen zu sammeln. Natürlich kann man auch neue kaufen, aber dies ist ganz sicher eine unnötige Ausgabe, gibt es doch genügend Einwegflaschen, die anders nur auf dem Müll, bestenfalls im Glascontainer landen. Wichtig: Flaschen mit Schraubverschluß sind weniger geeignet, weil der Verschluß nicht mehr dicht zu bekommen ist (in der Getränkeindustrie werden neue Kapseln verwendet, die maschinell aufgezogen werden). Kronkorkenflaschen sind prinzipiell geeignet, es gibt für sie einfache Verschlußapparate. Am besten ist es aber doch, Naturkorken zu verwenden. Wenn man dann noch den eigenen Wein in die für das Herkunftsgebiet typischen Flaschen abfüllt, wird es richtig professionell.

Die Etiketten entfernt man am besten, wenn man die Flaschen in eine Waschmittellauge stellt. Damit sie fest stehen, werden sie etwa zur Hälfte mit Wasser gefüllt. Nach einigen Stunden haben sich die Etiketten gelöst, Waschmittelrückstände werden unter fließendem Kaltwasser abgespült.

Ein ideales Gefäß, um Etiketten von einzelnen Flaschen abzulösen, ist leicht

Einige typische Weinflaschen: Ganz links die Burgunderflasche, die für praktisch alle deutschen Rotweine verwendet wird. Daneben eine Bordeauxflasche, wie sie in vielen südländischen Weinbaugebieten für Weine aller Art gebräuchlich ist. Als dritte von links die Schlegelflasche – die typische und übliche Flasche für deutsche Weißweine. Aus braunem Glas gefertigt, ist diese Flasche im Rheingau und an der Nahe gebräuchlich, im übrigen Deutschland in der Regel aus grünem Glas. Rechts eine Sektflasche, die aus besonders dickem Glas besteht. Es gibt noch ein paar weitere typische Flaschenformen, z. B. den bekannten Bocksbeutel für den Frankenwein.

selbst herzustellen: Ein Dachrinnen-Fallrohr aus Kunststoff mit der Nennweite 100 mm und der Länge 30 cm wird mit einem Abschlußteil („Dichtkappe") verschlossen – ein Gefäß ist fertig, das genau die Größe hat, um eine Weinflasche hineinzustellen. Kürzer sollte das Rohr nicht sein, weil sonst Papier- und Klebstoffreste am Flaschenhals nicht eingeweicht werden. Bei einem solchen Gefäß kommt das Flascheninnere nicht mit dem schnell faulenden Einweichwasser in Kontakt.

Falls ein Einweichen nicht ausreicht, um Papier- und insbesondere Klebstoffreste vollständig abzulösen, hilft meist ein Scheuerschwamm („Scotch Britt").

Am mühelosesten lassen sich Flaschen innen reinigen, wenn man sie sofort nach dem Entleeren mit heißem Wasser ausspült. Ehe man sie neu auffüllt, müssen sie dann nur noch kalt ausgespült werden. Wenn jedoch seit dem Entleeren schon einige Zeit vergangen ist, muß man erheblich mehr Zeit aufwenden: Als Spülmittel wird dann entweder 2%ige Sodalösung (200 g Soda auf 10 l Wasser) oder 2%ige SO_2-Lösung (400 g Kaliumdisulfit und 80 g Zitronensäure auf 10 l Wasser) verwendet. Das Spülmittel soll einige Zeit einwirken, danach mehrmals gut mit Wasser nachspülen.

Um die Flaschen austropfen zu lassen, kann man sie mit der Mündung nach unten in einen umgedrehten Mineralwasserkasten stellen.

Es gibt auch Flaschenreinigungsgeräte für den Hobbybedarf, aber wer Flaschen alsbald nach dem Entleeren ausspült, kann sich diese Ausgabe sparen.

Wer ganz auf Nummer Sicher gehen will, kann die Flaschen nach dem Spülen auch im Backofen bei 110° C sterilisieren. Zuvor müssen alle nicht hitzebeständigen Teile entfernt werden; sie können eventuell in Wasser ausgekocht werden. Die Flaschen werden so in den Backofen gestellt oder gelegt, daß sie weder Boden noch Decke oder Wände des Ofens berühren, sonst besteht Gefahr, daß sie zu Bruch gehen: Die Flaschen kommen daher auf den Backofenrost. Schon nach einigen Minuten ist die Sterilisierung erreicht, die Flaschen werden aus dem Ofen genommen und auf eine wenig wärmeleitfähige Unterlage gestellt (feuchtes Tuch, Holzbrett, Styroporplatte, aber nicht auf eine Metallplatte). Normalerweise ist eine Sterilisation der Flaschen übertrieben, aber dann, wenn sich mehrmals nach der Flaschenfüllung unerklärliche Weinfehler zeigen, kann die Sterilisation ein Weg sein, um diesen Fehlern zu begegnen.

Flaschenregale

Mit Korken verschlossene Flaschen müssen liegend gelagert werden, damit die Korken ständig vom Wein umspült sind und so nicht austrocknen können. In einen Keller gehören daher auch zur (liegenden) Lagerung von Weinflaschen geeignete Weinregale.

Im Fachhandel gibt es eine Vielzahl von Weinregal-Systemen. An sich sind alle Systeme für die Weinlagerung geeignet, der Hobbywinzer wird aber bedenken müssen, daß Regale, bei denen die Flaschen mit den Korken nach hinten gelagert werden, zwar einen guten Blick auf das Etikett ermöglichen, aber keine Kontrolle des Korkens. Es ist jedoch notwendig, den Zustand des Korkens zu überwachen, um festzustellen, ob er noch fest sitzt oder schon aus der Flasche getrieben wird, ob Schimmel sich bildet oder gar die Korkmotte sich eingenistet hat. Günstiger sind daher Regale, in denen die Flaschen mit der Mündung nach vorne gelagert werden. Es werden auch „Regale" aus Tonröhren gebaut, in die dann die Flaschen gelegt werden. In diesen Röhren soll der Wein gut gegen Temperaturschwankungen geschützt sein.

Wichtig ist auch, daß die Korken gut belüftet sind, damit Kondenswasser oder durchsickernder Wein abtrocknen können, bevor es zu Schimmelbildung kommt. Auch deshalb sollten die Flaschenmündungen besser nach vorne zeigen. Zum Schimmel auf Korken ist zu sagen, daß nur die äußerste Schicht des Korkens davon betroffen wird, wenn vor und nach dem Öffnen der Flasche die Mündung mit einem feuchten Küchentuch gesäubert wird, so ist der Wein nicht beeinträchtigt.

Besonders einfach, raumsparend und preiswert lassen sich Weinflaschen auf diese Art lagern: An die Wand werden (s. Abbildung) mit Eisenwinkeln senkrecht Bretter geschraubt. Zwischen den Brettern können Sie dann die Flaschen jeweils eines Jahrganges und einer

Ein selbstgebautes Weinregal, das besonders geeignet ist zur raumsparenden Lagerung einer größeren Anzahl von Weinflaschen.

Rebsorte aufstapeln. So sparen Sie auch das Etikettieren der Flaschen. In Weingegenden, in denen die Weine nach dem Abfüllen nicht sofort verkauft, sondern noch eine Zeitlang im Weingut gelagert werden, im Chiantigebiet beispielsweise, ist diese Form des Flaschenlagers häufig anzutreffen. Etikettiert wird dann erst kurz vor der Verkaufsreife.

Da die Durchmesser gebräuchlicher Weinflaschen bei 76,5 bzw. 82 bzw. 89 mm liegen, ist ein Abstand von 108 cm zwischen den Brettern ideal, um bei jedem Flaschentyp den Flaschen einen sicheren Halt zu geben und nicht zuviel Platz durch Leerräume zu verlieren. In eine Reihe gehen dann je nach Durchmesser 14, 13 oder 12 Flaschen. Sind die Bretter 1 m hoch, so faßt eine Abteilung je nach Flaschentyp rund 120–150 l Wein – käufliche Weinregale gleicher Größe fassen je nach Flaschengröße nur 70–100 l. Andere günstige Abstände sind 92, 100, 117 oder 126 cm.

Die Bretter sollten 20 cm breit sein, um genügend Halt zu geben, aber nicht breiter, um die Belüftung nicht zu beeinträchtigen. Wer in Punkto Belüftung ein Übriges tun mag, lege unter die Flaschen einen Holzrost und lassen hinter den Flaschen zur Wand hin noch 2 cm Luft.

Kleingeräte

Schlauch: Für Abstiche und die Flaschenfüllung benötigt man einen Schlauch aus Kunststoff oder Gummi. Bei der Arbeit mit Ballonkulturen genügt ein Schlauch von 1 m Länge mit einem Innendurchmesser von 8 mm.

Bei Kunststoffässern empfiehlt sich dagegen ein Schlauch von 2 m Länge. Wenn er einen Innendurchmesser von 10 mm hat, paßt er auf die gebräuchlichen Plastikhähnchen ohne Wulst.

Flaschenverkorkapparat: Wer Weine in Flaschen abfüllen will, sollte dazu auf keinen Fall gebrauchte Korken verwenden; neue Korken lassen sich aber nur mit Hilfe eines Verkorkapparates eindrücken. Alle mir bekannten Ausführungen sind brauchbar, bei Apparaten ohne Hebel benötigt man aber sehr viel Kraft oder einen Gummihammer (Scherben bringen in diesem Fall kein Glück!).

Besonders komfortabel arbeitet es sich mit einem Verkorker-Standgerät, aber das kostet dann über 100 DM.

Pumpe: Fässer bis 60 l können von einer Person noch bewegt werden. Wer aber größere Fässer verwendet – vor allem Holzfässer –, wird für Abstiche eine Pumpe benötigen. Sehr sorgsam kann man mit einer Luftpumpe arbeiten (s. Seite 82). Praktisch ist auch ein Vorsatzgerät zu einer elektrischen Bohrmaschine (Kosten rund 25 DM).

Zuber, Eimer usw.: Für die Lese, den Transport der Trauben, die Lagerung der Maische und das Auffangen des von der Presse laufenden Mostes eignen sich am besten Kunststoffwannen und -eimer, jedoch keinesfalls Behälter aus Metall, auch nicht aus verzinktem Stahlblech.

Bei der Auswahl der Behälter ist zu berücksichtigen, daß ungefähr

100 kg	Trauben
150 l	Volumen in Behältern
100 l	Maische (entrappt: 95 l) und
70 l	Most ergeben.

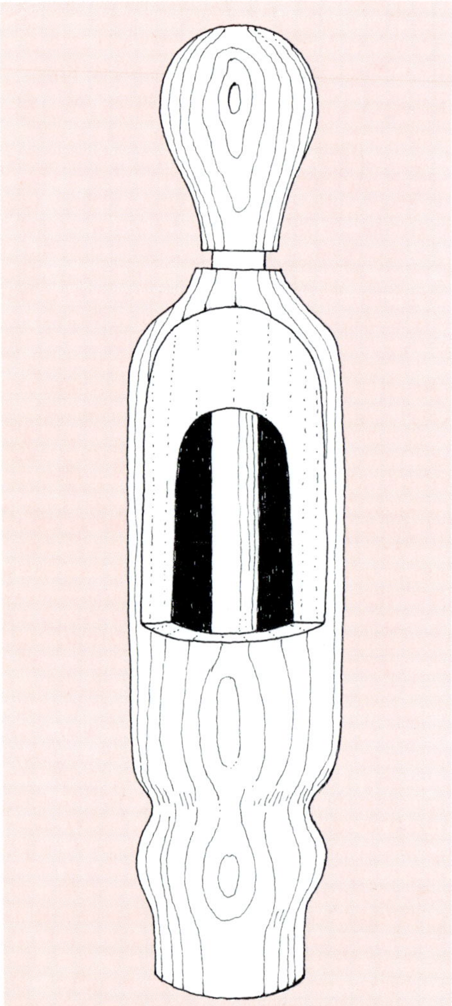

Mit einem Verkorkapparat (hier aus Holz) kann jedermann mühelos seine Flaschen selbst verkorken.

Für andere Früchte weichen diese Volumenverhältnisse etwas ab, aber annähernd kann man sich dennoch an diesen Zahlen orientieren.

Sehr handlich sind Kunststoffwannen von 40 l und Eimer von 10 l Inhalt. Kernobst (Äpfel, Birnen) wird man im allgemeinen in Säcken tranportieren und lagern.

Filter: Im Handel gibt es heute praktisch keine Weine mehr, die nicht wenigstens einmal gefiltert worden sind. Die Weinwirtschaft bedient sich dabei der Schichtenfilter, deren Leistung und Wirksamkeit optimal der Menge und Beschaffenheit des zu behandelnden Weines angepaßt werden kann. Mit Hilfe dieser Filtersysteme lassen sich viele Trübungen beseitigen, denen früher nur durch eine Schönung beizukommen war.

Einigermaßen brauchbare Schichtenfiltersysteme müssen mit einer elektrischen Pumpe kombiniert sein und kosten dann wenigstens um 1000 DM. Das ist für den Hobbykellerwirt sehr teuer. Aber es gibt auch schon Schichtenfilter, die mit dem natürlichen Gefälle auskommen (50 DM) oder mit einer Handpumpe betrieben werden (200 DM). Gegenüber einem elektrisch betriebenen System ist die Leistung natürlich geringer, aber selbst diese billigen Schichtenfilter sind in jedem Falle den Trichterfiltern vorzuziehen. Nachteile der Trichterfilter sind:

- eine beträchtliche Sauerstoffaufnahme ist trotz Schwefelung unvermeidlich
- die Filterfläche ist so klein, daß selbst geringe Mengen einen beträchtlichen Zeitaufwand erfordern.

Solche Trichterfilter sind daher zur Filtration des gesamten Weines, z. B. zur Bekämpfung von Schädigungen, nur bedingt geeignet. Nur dann, wenn Teil-

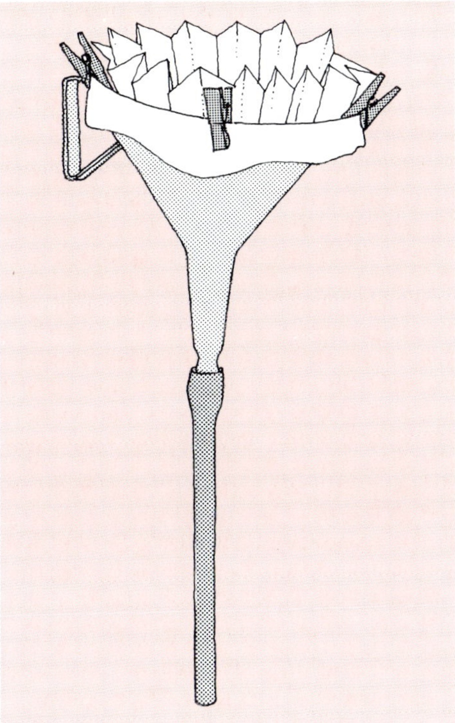

Aufbau eines Trichterfilters mit Trichterkörper aus Metall oder Kunststoff, Perlonfilterbeutel und Papierfiltereinsatz.

mengen des Weines filtriert werden müssen, sind Trichterfilter durchaus geeignet, so etwa zur

- Verarbeitung des Vorklärtrubes
- Verarbeitung des Hefetrubes
- Doppelsalzfällung.

Hierfür können sogar Kaffeefilter verwendet werden. Bei der geringen Filterfläche ist dies aber eine mühselige Angelegenheit, zumal die Kaffeefiltertüten nicht auf die Viskosität (= Zähflüssigkeit) des Weintrubes abgestimmt sind.

Besser sind spezielle Filtersysteme, die komplett gekauft werden können oder die man selbst zusammenstellen kann. Sinnvoll ist folgender Aufbau:

Trichter aus Kunststoff
Perlonfilterbeutel
Papierfaltenfilter.

Bei Verwendung handelsüblicher Perlon- und Papierfilter muß der Trichter einen oberen Durchmesser von 24 cm haben. Zur Trubbehandlung werden Papierfilterbeutel in den Trichter eingesetzt und zuerst, durch Spülen mit heißem Wasser, „weingrün" gemacht. Das zuerst ablaufende Filtrat wird solange in den Filter zurückgeschüttet, bis es genügend klar abläuft.
Perlonfilterbeutel werden zum einen zur Grobfiltration, zum anderen als Stützschicht bei einer Filtration im Anschwemmverfahren verwendet (s. hierzu Kapitel Mängel, Fehler, Krankheiten).
Nach einer Filtration sind Weine „filterkrank", sie haben beträchtlich an Geruch und Geschmack verloren. Erst nach Ablauf von etwa drei Wochen kann dann beurteilt werden, wie sie sich nachhaltig durch die Filtration verändert haben.
Es sollte daher immer überlegt werden, ob eine Filtration wirklich unumgänglich ist, oder ob man nicht einfach die natürliche Selbstklärung abwartet. Oft erübrigt sich dann eine Filtration.
Die Filtration wird in Großbetrieben heute teilweise durch Zentrifugieren mit sogenannten Separatoren ersetzt. Solche Geräte sind jedoch einige zehntausend Mark teuer und daher selbst für Mittelbetriebe nicht rentabel.

Meßgeräte

Messen und Prüfen

Auge, Nase und Gaumen sagen dem erfahrenen Kellerwirt viel über den Charakter eines Mostes und über die kellertechnische Behandlung, die aus diesem Most den bestmöglichen Wein wird entstehen lassen. Aber auch der erfahrendste Kellerwirt wird mit einer solchen sensorischen Prüfung allein nicht auskommen; um einen Wein individuell richtig behandeln zu können, muß dieser Wein losgelöst vom Geschmack des Einzelnen nach objektiven Gesichtspunkten beurteilt werden.

Im Labor läßt sich heute recht genau ein Wein analysieren, man kann auch den Gehalt an Stoffen feststellen, die nur in Spuren vorhanden sind. Solche Methoden sind aber für die Praxis zu aufwendig, im allgemeinen bietet die Messung von zwei Größen schon eine gute Beurteilungsmöglichkeit: Man mißt

1. den Säuregehalt,
2. das Mostgewicht.

Die dazu verwendeten Geräte (Säuremeßzylinder und Oechslewaage) gehören zur Grundausstattung und sollten in jedem Fall beschafft werden. Die Firma Schließmann bietet sogar als billigste Alternative ein Gerät an, das beide Messungen erlaubt – allerdings mit bescheidener Genauigkeit. Besser und nur wenig teurer sind getrennte Geräte, wie sie ebenfalls von Schließmann und von Arauner angeboten werden (s. Bezugsquellen Seite 143).

Säuremeßzylinder

Säuremeßzylinder arbeiten nach folgendem Grundprinzip: Bis zu einer bestimmten Marke (Wein, Getränk o. ä.) wird die zu prüfende Flüssigkeit eingefüllt. Dann wird eine Spezialflüssigkeit („Blaulauge“) zugefüllt, die die Farbe des Weines verändert, wenn die im Wein enthaltene Säure neutralisiert ist. Man füllt dazu nach und nach kleine Mengen der Indikatorlösung ein, schüttelt durch und prüft die Farbe der Mischung. Dies wird so oft wiederholt, bis der Farbumschlag eintritt. Je nach der insgesamt eingefüllten Menge an Indikatorlösung, also nach dem Flüssigkeitsstand im Meßzylinder, läßt sich ablesen, welchen Säuregehalt der Wein hat. Näheres ist den Anweisungen der Hersteller zu entnehmen.

Mit dem Säuremeßzylinder wird die insgesamt vorhandene Säure gemessen, gleichgültig um welche Säure es sich handelt. In Frage kommen hauptsächlich Weinsäure, Apfelsäure, Zitronensäure, Milchsäure und Essigsäure. Ausgedrückt wird der Säuregehalt in g/l oder ‰. Dabei wird der Säuregehalt so angegeben, als ob die gesamte Säure in Weinsäure vorhanden wäre. Das Verfahren nennt man Titration, daher spricht man auch von der „gesamten titrierbaren Säure, gemessen in Weinsäure“.

Da der Säuremeßzylinder und die Spezialflüssigkeit aufeinander abgestimmt sind, müssen beide vom selben Hersteller bezogen werden (bei der Erstausstattung also die Flüssigkeit gleich mitbestellen!).

Arauner bietet ein Gerät an, mit dem nach demselben Verfahren – aber mit verschiedenen Indikatoren – nicht nur die Gesamtsäure, sondern auch die freie schweflige Säure gemessen wer-

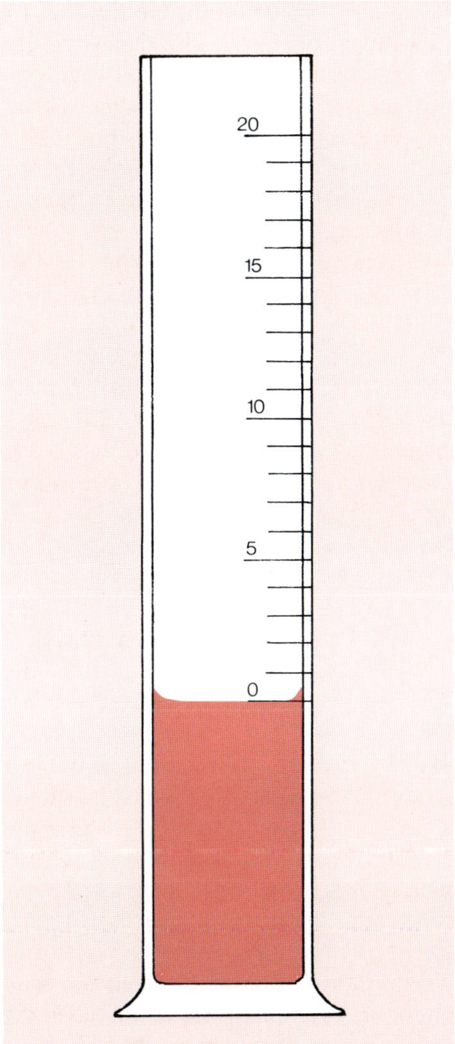

Dieser Säuremeßzylinder ist bis zur Marke Null mit Wein oder Most gefüllt. Wird nun Indikatorflüssigkeit („Blaulauge“) bis zum Farbumschlag eingefüllt, so läßt sich an der darüberliegenden Skala die Indikatormenge in ml und damit der Säuregehalt in Promille (‰) ablesen.

den kann. Kosten des Gerätes: 10,– DM; Kosten des Indikators: –,30 DM je Bestimmung.

Schließmann bietet ein deutlich komfortableres Gerät an (Titrovin-Gerät), das auch die Messung der gesamten schwefligen Säure erlaubt. Die Kosten sind aber nahezu doppelt so hoch.

Oechslewaage

Die Oechslewaage – erfunden vom Pforzheimer Goldschmied und Mechanikus Christian Ferdinand Oechsle – ist eine sogenannte Senkspindel, wie sie vielfach in der Technik und in der Wissenschaft verwendet wird.

Eine Senkspindel arbeitet nach dem Prinzip, daß ein Körper so weit in eine Flüssigkeit eintaucht, bis das Gewicht der verdrängten Flüssigkeit dem Eigengewicht des Körpers entspricht. In eine leichtere Flüssigkeit wird damit die Senkspindel tiefer eintauchen, also mehr Flüssigkeit verdrängen. Damit kann das Artgewicht entsprechend der Eintauchtiefe festgestellt werden.

Die Oechslewaage hat nun eine Skala, die dann 0°Oe (Oechsle) anzeigt, wenn die zu messende Flüssigkeit (bei einer Temperatur von 20 °C) dasselbe Artgewicht hat wie destilliertes Wasser von 20 °C, nämlich 1,000. Bei einem Artgewicht von 1,001 zeigt sie dann 1°Oe an* usw.

---

* *Im Gebiet des ehemaligen Österreich-Ungarn wird die „Klosterneuburger Mostwaage“ verwendet. 1°KMW entspricht ca. 5°Oe. Im übrigen sollen durch eine EG-Norm auch die Oechslegrade abgeschafft werden.*

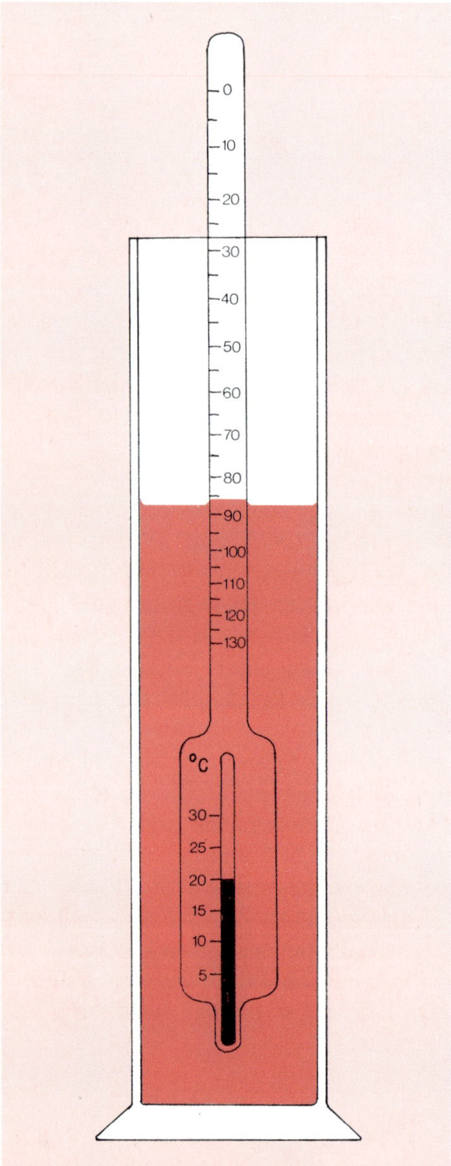

Die Oechslewaage schwimmt im Most. Hier wird ein Wert von 87 °Oechsle abgelesen (Mosttemperatur 20 °C, daher keine Korrektur).

Hat eine „wäßrige Lösung“ ein anderes (höheres) spezifisches Gewicht, so kann das nur daher kommen, daß neben Wasser noch andere Stoffe enthalten sind. Die „wäßrige Lösung“ Most enthält neben anderen Extraktstoffen hauptsächlich Zucker. Damit ist zumindest klar, daß ein Most mit 80°Oe (= Artgewicht 1,080) mehr Gesamtextrakt (Zucker und andere gelöste Stoffe) enthält als ein solcher von 70°Oe. Da unterstellt werden kann, daß dieses Mehr an Gesamtextrakt weitgehend auf ein Mehr an Zucker entfällt, ist das spezifische Gewicht, gemessen in °Oe ein Maß für den Zuckergehalt und damit für die Qualität eines Mostes. Natürlich läßt sich auch der tatsächliche Gehalt an Zucker ermitteln, dies ist jedoch schwierig und bringt nicht die Aussage, die den Aufwand rechtfertigen würde.

Arbeit mit der Oechslewaage:
Ein Standzylinder – Größe je nach Typ der Mostwaage – wird mit dem zu prüfenden Most oder Wein gefüllt. Trubteile sollten so weit wie möglich entfernt werden; dazu Most durch ein Tuch sieben. Wird Most oder Jungwein während oder kurz nach der Gärung gemessen, muß er so lange geschüttelt werden, bis keine Kohlensäurebläschen mehr aufsteigen. Dann wird die Oechslewaage vorsichtig eingetaucht, bis sie frei schwebt – nicht mehr, denn am Hals haftende Flüssigkeit verfälscht das Meßergebnis.
Nun wird das Mostgewicht am „Meniskus“ abgelesen, und zwar bei den meisten Ausführungen „von unten“: Man hält das Gerät in Augenhöhe und liest unterhalb des Flüssigkeitsspiegels ab.

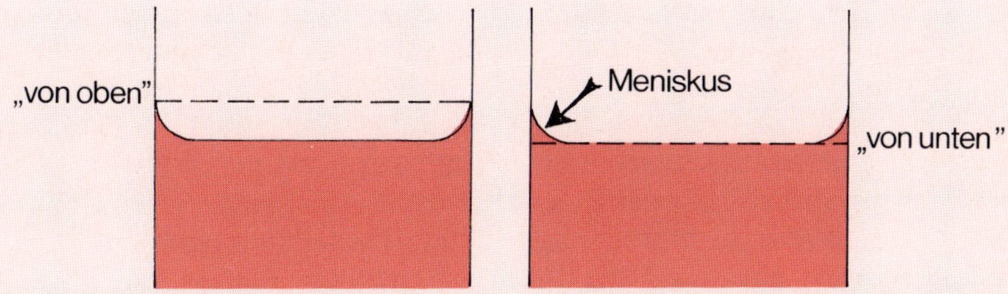

Je nach Typ der Oechslewaage wird am Meniskus von oben oder von unten das Mostgewicht abgelesen.

Es gibt auch Ausführungen, die „von oben“ abgelesen werden müssen, dies ist dann auf dem Gerät vermerkt.

Vorsicht: Die Gradzahl nimmt **nach unten** zu!

Der abgelesene Wert stimmt nur dann genau, wenn die Probe eine Temperatur von 20°C hat (es gibt aber auch noch ältere Typen auf der Basis 15°C). Wenn die Temperatur von diesem Basiswert abweicht, so muß entsprechend der nebenstehenden Tabelle korrigiert werden. Es ist daher sinnvoll, ein Gerät mit eingebautem Thermometer zu kaufen, das ist billiger als zwei getrennte Geräte und zudem einfacher, es wird ein Arbeitsgang eingespart.
Im übrigen genügt für unsere Zwecke ein billiges, ungeeichtes Gerät.

Korrekturtafel

°C	°Oe
10	−2,4
11	−2,2
12	−2,0
13	−1,8
14	−1,6
15	−1,4
16	−1,1
17	−0,8
18	−0,6
19	−0,3
20	±0
21	+0,3
22	+0,6
23	+0,8
24	+1,1
25	+1,4

Refraktometer

Das Mostgewicht kann nicht nur mit der Oechslewaage bestimmt werden, sondern auch mit dem Refraktometer. Dieses optische Gerät mißt die Lichtbrechung in Flüssigkeiten. Da nun Moste mit verschiedenem Zuckergehalt das Licht verschieden stark brechen, läßt sich auch auf diese Weise der Zuckergehalt messen: die Lichtbrechung wird auf einer Skala abgelesen, die direkt nach °Oe aufgebaut ist.

Refraktometer sind teuer – ab 250 DM – haben jedoch den Vorteil, daß schon das Mostgewicht einzelner Trauben ermittelt werden kann. Auch stören Verunreinigungen nicht; Refraktometer können zur Messung von Maische und Most einfacher eingesetzt werden als Oechslewaagen. Nach dem Einsetzen der Gärung können Refraktometer nicht mehr verwendet werden, der Alkohol verfälscht das Meßergebnis.

Wirkungsweise und Handhabung brauchen nicht weiter dargestellt zu werden, da das Gerät vom Preis her für den Hausweinbereiter wohl kaum in Frage kommt. Für den fortgeschrittenen Hobby-Kellerwirt wird sich jedoch ein Kauf dann lohnen, wenn von verschiedenen Erzeugern Trauben gekauft werden sollen. Nur ein Refraktometer kann dann verhindern, daß die Katze im Sack gekauft werden muß. Auch der Winzer benötigt ein Refraktometer zur Kontrolle der Reifeentwicklung seiner Trauben.

Vinometer

Einfach, wenn auch ungenau, läßt sich der Alkoholgehalt mit dem Vinometer bestimmen, einem Gerät, das unter 10 DM kostet. Das Gerät ermittelt, von der unterschiedlichen Kapillarwirkung von Flüssigkeiten mit unterschiedlichem Alkoholgehalt ausgehend, den Alkoholgehalt – die Gebrauchsanweisung enthält alle wichtigen Einzelheiten.

Wichtig: Ein annähernd akzeptables Ergebnis wird nur erreicht, wenn der Wein

- annähernd durchgegoren ist
- weitgehend klar ist
- etwa 15 °C hat.

Die Einsatzmöglichkeit dieses Gerätes ist gering, der niedrige Preis mag aber den Kauf rechtfertigen, um z. B. das ursprüngliche Mostgewicht zu rekonstruieren (wobei aber Anreicherungen zu berücksichtigen sind) oder um einen Alkoholabbau durch Krankheitserreger zu erkennen.

Schätzung des Zuckergehaltes aus dem Mostgewicht

Eine genaue Bestimmung des Zuckergehaltes ist mit vertretbarem Aufwand nicht möglich. Aus dem Mostgewicht läßt sich aber einigermaßen genau der Zuckergehalt errechnen:

$$\text{Zuckergehalt (g/l)} = \text{Mostgewicht} \times 2{,}6 - \text{Abzug}$$

Der Abzug beträg für Traubenmoste in guten Jahrgängen 25 (wenig Säure), in schlechten Jahren 30 (viel Säure).

Bei anderen Früchten schwankt der Abzug je nach dem zuckerfreien Extrakt der Früchte. Mit hinreichender Genauigkeit kann man den Zuckergehalt ermitteln, wenn man je nach Säure einen Abzug von 20–40 vornimmt; falls das Mostgewicht nach Zugabe von Wasser ermittelt wurde, muß der Abzug entsprechend geringer sein. Aus dem

Zuckergehalt läßt sich der spätere Alkoholgehalt errechnen, 16,8 g/l Zucker ergeben 1 Vol.% Alkohol, also Zuckergehalt durch 16,8 teilen.
Zur Verdeutlichung ein Beispiel:

Mostgewicht: 80°Oe, × 2,6	208
Säuregehalt: 8‰ (wenig Säure) Abzug daher	25
Zuckergehalt damit:	183 g/l
Nach Ende der Gärung ist damit ein Alkoholgehalt zu erwarten von 183 : 16,8 =	10,9Vol.%

Sie können sich diese ganze Rechenarbeit aber ersparen, wenn Sie die Tabellen Seite 61 und 109 verwenden, dort kann der annähernde Alkoholgehalt nach der Gärung direkt aus dem Mostgewicht abgelesen werden.

Ermittlung des Alkohol- und Extraktgehaltes aus dem Mostgewicht

Auch die Senkspindel ermöglicht auf zwar ungenaue, aber doch sehr einfache Art und Weise den Alkoholgehalt zu ermitteln. Allerdings geht dies kaum mit der normalen Oechslewaage, sondern genauer und sicherer mit einem speziell für den Bereich −10°Oe bis +20°Oe ausgelegten Gerät.
Im Gegensatz zur üblichen Mostgewichtsbestimmung ist eine **genaue** Weinmenge zu entnehmen, je nach Größe der verwendeten Spindel und damit des zu verwendenden Zylinders. Die Bestimmung erfolgt in folgenden Schritten:

1. Es wird das Mostgewicht des Weines ermittelt. Eventuell Temperaturkorrektur.
2. Der Wein wird in einen Erlenmeyerkolben gefüllt, der Meßzylinder mit etwas Wasser ausgeschwenkt und auch dieses Wasser in den Erlenmeyerkolben gefüllt.
3. Mit Hilfe eines Gas- oder Spirituskochers (Fondue-Geschirr) etwa die Hälfte des Weines verkochen.
4. Eingekochte Flüssigkeit wieder in den Meßzylinder geben, Erlenmeyerkolben mehrmals mit Wasser ausspülen und Spülwasser in Zylinder geben.
5. Auf die ursprüngliche Flüssigkeitsmenge **genau** mit Wasser auffüllen und Temperatur auf 20°C einstellen.
6. Jetzt erneut Mostgewicht bestimmen.

Wird das Mostgewicht aus Messung 2 (das Mostgewicht nach dem Auffüllen mit Wasser) mit 2,6 multipliziert, so ergibt sich der Extraktgehalt in g/l. Als Extrakt bezeichnet man alle nicht flüchtigen Weininhaltsstoffe, also all jene Stoffe, die übrig bleiben, wenn Wein eingekocht wird. Dieser Gesamtextrakt umfaßt auch den Zucker, der zuckerfreie Extrakt ist eine wichtige Größe bei der analytischen Beurteilung eines Weines. Bei deutschen Traubenweinen beträgt der zuckerfreie Extrakt zumeist 18–30 g/l, der Mittelwert etwa 22g/l. Man kann davon ausgehen, daß bei einem hohen Säuregehalt auch der Extraktgehalt (zuckerfrei) entsprechend hoch sein wird.
Umgekehrt kann aus dem Gesamtextrakt auch geschlossen werden, ob noch unvergorener Zucker enthalten ist. Für Moste wurde die näherungsweise Berechnung oben dargestellt. Bei Weinen wird man also vom Gesamtextrakt 18–30 g/l abziehen müssen und so

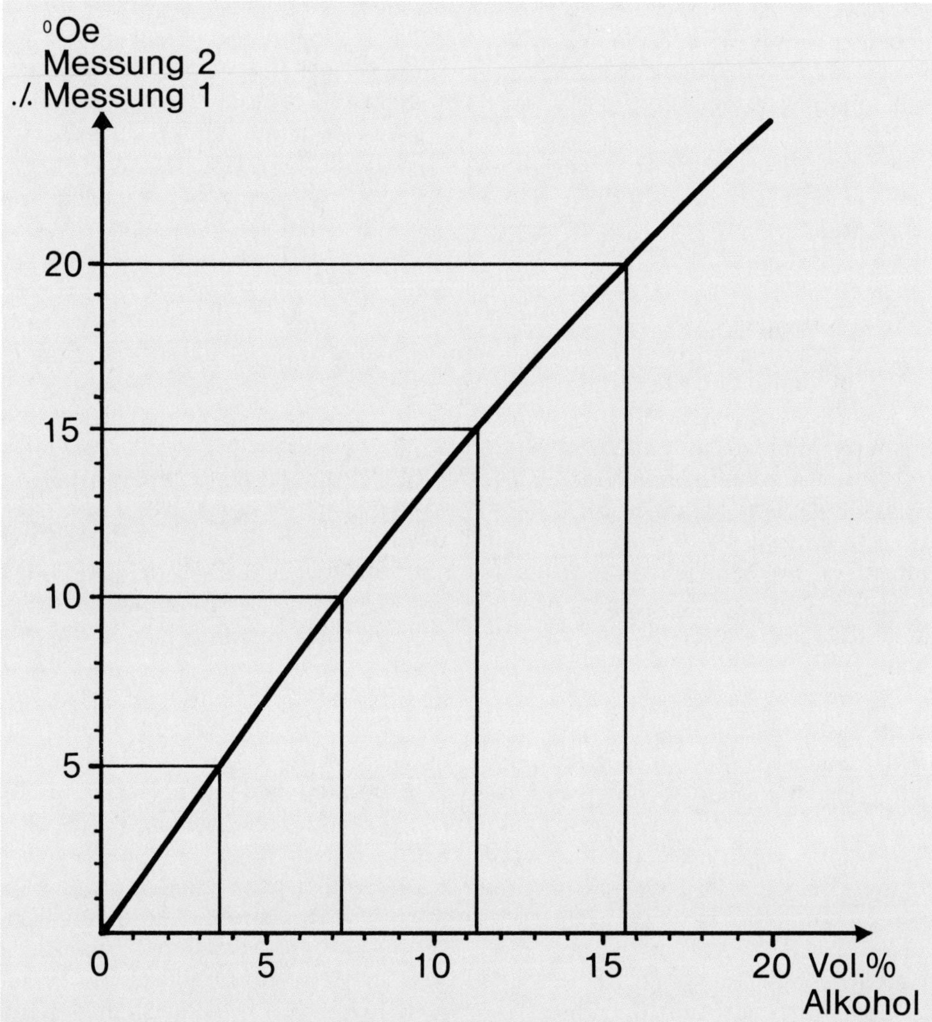

Ablesung des Alkoholgehaltes. Die Oechslegrade aus der Messung vor dem Einkochen des Weines werden abgezogen von dem Ergebnis der Messung nach dem Wiederauffüllen mit Wasser. Auf der senkrechten Achse des Diagrammes wird in Höhe des Wertes der Differenz aus beiden Messungen ein Lineal waagrecht gelegt. Das Lineal schneidet die eingezeichnete Kurve, genau senkrecht unter dem Schnittpunkt kann auf der waagrechten Achse der Alkoholgehalt in Vol.% abgelesen werden.

den Zuckergehalt in g/l erhalten. Ein Wein mit mittlerer Säure und einem Gesamtextrakt von 40 g/l wird also z. B. rund 40 minus 22 = 18 g/l Zucker enthalten.
Zieht man nun vom Wert aus Messung 2 den Wert aus Messung 1 ab, so kann aus dem Schaubild der Alkoholgehalt in Vol.% abgelesen werden.

Rückrechnung auf das ursprüngliche Mostgewicht

Bei Umgärung nach Abschluß der Gärung, bei einer Anreicherung nach Einsetzen der Gärung oder auch zu Kontrollzwecken kann es notwendig sein, das ursprüngliche Mostgewicht vor Beginn der Gärung zu errechnen. Leider gibt es keine Methode, die die Berechnung des ursprünglichen Mostgewichtes absolut exakt ermöglicht. Alle Verfahren können zu Differenzen bis zu 5° Oe führen. Unter dieser Einschränkung sei das folgende Vorgehen empfohlen: Wie oben beschrieben, wird der Alkoholgehalt durch Vergleich des Mostgewichtes vor und nach Verdampfung des Alkohols ermittelt, dann nach dieser Formel weitergerechnet:

$$\text{ursprüngliches Mostgewicht} = 6{,}5 \times \text{Alkoholgehalt (in Vol.\%)} + \begin{matrix}\text{Mostgewicht nach}\\ \text{Alkoholverdunstung}\end{matrix} + \text{Zuschlag}$$

Der Zuschlag beträgt bei Süßkelterung 2°Oe, bei Maischegärung 6°Oe. Für diese Berechnung braucht nicht unterschieden zu werden zwischen Gesamtextrakt und zuckerfreiem Extrakt, beim Mostgewicht wird ja zunächst auch nicht unterschieden, welchen Anteil der Zucker beisteuert.

Die Weintrauben

Woher die Trauben nehmen?

Diese Frage ist natürlich für denjenigen schnell beantwortet, der selbst über einige Rebstöcke verfügt. Die wenigsten Hausweinbereiter werden aber Besitzer eines Weinberges sein. Auf die Arbeit im Weinberg braucht daher in diesem Buch nicht näher eingegangen zu werden; im Anhang wird auf Bücher verwiesen, die dieses Thema ausführlich behandeln.

Einige Anhaltspunkte für Leser, die sich für Kauf oder Pacht eines Weinberges interessieren: Ein Weinberg von 5a liefert, je nach Rebsorte, durchschnittlich 400–800l Wein. Je nach dem Grad der Mechanisierung und nach Lage (je steiler desto arbeitsintensiver) werden einschließlich Lese 50–100 Arbeitsstunden jährlich notwendig sein. Überlegen Sie sich gut, ob Sie soviel Zeit aufbringen können und wollen!

Weinstöcke wachsen zwar nicht unbedingt nur in einem Weinberg, aber in unseren nördlichen Breitengraden kommen Trauben nur unter ganz besonders günstigen Bedingungen zur Reife, die nur vereinzelt anzutreffen sind, an warmen Südhängen oder Hauswänden. Kalkulieren Sie daher von vornherein geringe Oechslegrade und hohe Säure ein, wenn Sie Trauben außerhalb eines Weinbergs ernten. Pflanzen Sie keinesfalls spätreifende Sorten wie Trollinger oder Riesling, eher Portugieser, Schwarzriesling bei den roten, Gutedel und Müller-Thurgau bei den weißen Trauben.

Im Normalfall wird der Hausweinbereiter jedoch Traubenwein aus gekauftem Material herstellen. Dieses gibt es in vier Bearbeitungsstufen:

- Trauben
- Maische (Trauben gemahlen)
- Most (Maische gepreßt)
- Jungwein (Most vergoren).

Je höher die Bearbeitungsstufe des Rohprodukts liegt, um so weniger Arbeitsaufwand und Geräteeinsatz ergeben sich für den Hausweinbereiter, andererseits verteuert sich entsprechend der Preis des Rohprodukts.

Der Hobbykellerwirt ist aber leider in seiner Entscheidung nicht ganz frei, das Rohprodukt ist nur selten in allen verschiedenen Bearbeitungsstufen erhältlich. Dabei sind auch die örtlichen Gegebenheiten unterschiedlich. In Weinbaugebieten mit hohem Anteil von selbstvermarktenden Winzern wie etwa Rheinpfalz, Rheingau und Mosel ist Wein in allen Bearbeitungsstufen noch verhältnismäßig einfach zu erhalten.

Schwieriger wird es in Anbaugebieten mit starken Genossenschaften wie Baden und Württemberg, weil die Genossenschaften ihre Mitglieder zur vollständigen Ablieferung der gesamten Ernte verpflichten. In vielen Genossenschaftskellereien kann man aber Most bekommen, und bei gutem Zureden (Winzer und Kellermeister sind eine ganz besondere Sorte Mensch) werden auch Maischen abgegeben.

Wer fernab von einem Weinbaugebiet wohnt, wird es naturgemäß überhaupt sehr schwer haben, Material zur Bereitung von deutschen Weinen zu erstehen. So seltsam es erscheint, es ist in Deutschland vielfach leichter, ausländische Trauben zu erhalten als deutsche. Im übrigen ist es auch durchaus reizvoll, beispielsweise mitten in München griechischen Wein herzustellen.

Im Branchenfernsprechbuch sind die Obstgroßhändler verzeichnet, bei denen man anfragt, ob sie Trauben zur Versaftung anzubieten haben. Viele Obstgroßhändler sind bereits auf die Hobbyweinbereiter spezialisiert und können geeignete Trauben empfehlen. Obstgroßhändler führen nämlich in erster Linie Trauben, die in ihren Heimatländern als Tafeltrauben gelten. Bei diesen Trauben können Saftanteil, Mostgewicht und Säuregehalt beträchtlich unter den Werten von Keltertrauben liegen. Dickschalige Trauben und Datteltrauben sind aus diesen Gründen kaum zur Weinherstellung geeignet.

Es gibt aber einige Rebsorten im Grenzbereich: Gutedel, Müller-Thurgau, Portugieser, Trollinger und einige Neuzüchtungen werden in Deutschland beiden Gruppen zugeordnet. Der südtiroler Vetter des schwäbischen Trollinger, der Vernatsch, wird zugleich als „Meraner Kurtraube“ und als die Hauptsorte für den Südtiroler Rotwein verwendet.

Der Gutedel hört in südlichen Ländern auf den Namen Chasselas und wird in Frankreich nur als Tafeltraube verwendet. In Deutschland sind Chasselastrauben leicht zu erhalten, besitzen aber weniger Säure und ergeben keine so ausdrucksvollen Weine wie der badische Gutedel. Auch die rote Lavallée wird in Frankreich ausschließlich als Tafeltraube verwendet, ist jedoch in Mostgewicht und Säure den deutschen Rotweintrauben sehr ähnlich.

Seit dem Beitritt Griechenlands zur EG werden zunehmend auch die weißen oder die roten Rosaka-Trauben in Deutschland angeboten. Sie haben ein hohes Mostgewicht, aber sehr wenig Säure. Gelegentlich sind auch bulgarische, ungarische und jugoslawische Trauben auf dem deutschen Markt.

Leider ist es hier nicht möglich, alle im Handel befindlichen Trauben aufzuzählen und deren Eignung zur Weinherstellung darzustellen. Achten Sie auf hohe Mostgewichte und meiden Sie Trauben mit weniger als 4‰ Säure. Im Laufe der Zeit – hoffentlich nicht nach größeren Fehlschlägen – werden Sie herausfinden, welche Trauben der Ihnen angebotenen zur Weinbereitung am besten geeignet sind.

Nach diesem Ausflug nach Südeuropa zurück nach Deutschland. Das Schaubild (Seite 51) soll einen Überblick geben, wann die in Deutschland gebräuchlichsten Rebsorten unter normalen Bedingungen gelesen werden. Damit läßt sich einigermaßen abschätzen, zu welchem Zeitpunkt man bei seinem Lieferanten nach den verschiedenen Trauben fragen kann.

Für ausländische Trauben lassen sich solche Angaben kaum machen, die Zahl der Sorten und die klimatischen Bedingungen sind zu vielfältig. In Frage kommt hier die Zeit von Ende August bis Mitte November.

Der einfachste Weg, Weine herzustellen, ist allerdings folgender: Man kann (z. B. von Arauner) konzentrierten Traubensaft kaufen, der mit Wasser verdünnt und mit Reinzuchthefe vergoren wird. Dieses Konzentrat läßt sich heute sehr schonend herstellen, aber ob diese Methode dann zu einem ansprechenden Wein führen kann, mag jeder selbst probieren und beurteilen.

Die häufigsten deutschen Rebsorten

Die Botaniker unterscheiden 32 verschiedene Arten der Gattung *Vitis*, der Rebe. Eine Art, *Vitis vinifera*, die weintragende Rebe, wird zur Weinbereitung herangezogen, neben Hybriden*, deren Anbau in Deutschland jedoch verboten ist. Von *Vitis vinifera* kennt man weltweit über 8000 Sorten. In Deutschland sind davon rund 50 Sorten zur Weinherstellung zugelassen, daneben befinden sich rund 20 Sorten im Versuchsanbau.

Es würde den Rahmen dieses Buches sprengen, alle bei uns gebräuchlichen Rebsorten zu beschreiben. Vielmehr wird auf die bei uns verbreitetsten Sorten und vor allem auf ihre für Hausweinbereiter wichtigen Eigenarten eingegangen.

Weißweine

Müller-Thurgau: Angeblich eine Kreuzung aus Riesling und Silvaner, möglicherweise aber eine In-sich-Kreuzung des Rieslings. Heute die in Deutschland am meisten verbreitete Rebsorte, Neuzüchtung, die fast als Klassiker bezeichnet werden kann. Der Müller-Thurgau ist in Menge und Qualität sehr gleichmäßig. Mittlere Mostgewichte und mäßige Säure garantieren gefällige Weine, die allenfalls angereichert werden müssen, keinesfalls ist eine Entsäuerung notwendig.

Der Muskatton des Müller-Thurgaus freilich ist Geschmackssache.

Riesling: Voll ausgereift der König der Weißweine mit höchsten Mostgewichten und guter Säure. Wenn er aber, wie in Deutschland öfters der Fall, nicht ausreift, so können die Riesling-Weine recht sauer sein. Es muß dann kräftig angereichert und entsäuert werden. Der Hausweinbereiter mag dann eher einen Verschnitt in Erwägung ziehen oder ganz auf andere Rebsorten ausweichen.

Silvaner: Ein klassischer Wein, der viele Namen hat: Österreicher, Fränki-

---

* *Hybriden sind Kreuzungen von Sorten der Vitis vinifera mit amerikanischen Vitis-Arten, die gezüchtet wurden, um reblausfeste Rebsorten zu erhalten. Aus Qualitätsgründen werden in Deutschland Vitis vinifera-Sorten vorgezogen, die zum Schutz gegen die Reblaus auf amerikanische Rebwurzeln aufgepfropft werden.*

scher, Zierfandler. Diese Traube war früher weiter verbreitet, sie wird immer mehr verdrängt durch Neuzüchtungen wie Müller-Thurgau und Kerner. Der Silvaner liefert fruchtige, frische Weine, die allenfalls angereichert zu werden brauchen. Der Silvaner gibt nie Weine allerhöchster Qualität, aber allemal einen harmonischen Wein, der keiner Süßreserve bedarf. Silvaner kann gut mit Riesling verschnitten werden.

Ruländer: Auch Grauburgunder, im Ausland Pinot gris oder Tokay genannt. Dieser Wein wird vorwiegend in Baden angebaut. Ein Wein mit hohem Mostgewicht und geringer Säure, hervorragend geeignet für Hausweinbereiter, aber nur schwer zu beschaffen. In guten Jahren ein Spitzenwein! Eng verwandt mit dem Ruländer ist der Weißburgunder (Pinot blanc), ebenfalls überwiegend in Baden angebaut.

Morio-Muskat: Weitverbreitete Neuzüchtung (Rheinhessen, Rheinpfalz) mit hohem Ertrag, aber geringer Qualität. Aus Silvaner und Weißburgunder gezüchtet, erreicht diese Rebe kaum einen der „Eltern".

Scheurebe: Kreuzung aus Riesling und Silvaner. Ebenfalls eine weitverbreitete Neuzüchtung, vor allem in Rheinhessen. In besseren Lagen hohe Qualität, aber sonst zu ausgeprägtes Bukett.

Kerner: Sehr erfolgreiche Kreuzung (Württemberg) aus Trollinger und Riesling, also einer roten und einer weißen Traube, das Ergebnis ist aber ein Weißwein. Muskatton ähnlich dem Müller-Thurgau, bei hohem Mostgewicht und mittlerer Säure sehr geeignet für den Hausweinbereiter, gibt sehr harmonische Weine.

Bacchus: Kreuzung aus Silvaner, Riesling und Müller-Thurgau. Mostgewicht etwas über Müller-Thurgau. Wie ein großer Teil der Neuzüchtungen mit deutlichem Muskatton.

Faber: Kreuzung aus Müller-Thurgau und Weißburgunder, verbreitet an Rhein und Nahe. Bringt etwas günstigere Werte als der Silvaner, ebenfalls mit Muskatton.

Gutedel: Eine in Südbaden sehr verbreitete Rebsorte. Als Chasselas liefert sie in der Schweiz den Fendant. Bei uns sind oft französische Chasselas(Tafel)-Trauben erhältlich.

Der Gutedel liefert nie ganz große Weine, aber bei guten Mostgewichten und geringer Säure ist er vor allem für Hausweinbereiter sehr geeignet.

Elbling: Eine sehr alte Rebsorte, die vor allem wegen der hohen Ertragskraft früher viel angebaut wurde. Heute wird der Elbling fast nur noch zur Sektherstellung verwendet. Das Mostgewicht ist so niedrig und die Säure so hoch, daß von der Weinbereitung abgeraten werden muß.

Rotweine

Portugieser: Eine alte Rebsorte, die trotz nur mittlerer Qualität noch immer die am weitesten verbreitete deutsche Rotweintraube ist. Dem Hausweinbereiter macht Portugieser mit seinen mittleren Säurewerten wenig Schwierigkeiten, eine Anreicherung ist aber fast immer notwendig.

Spätburgunder: Im Ausland als Pinot noir bekannt, eine der angesehensten Rotweintrauben der Welt, liefert in Deutschland ganz sicher den besten Rotwein.

Hohes Mostgewicht und ideale Säurewerte machen auch dem Hausweinbereiter viel Freude, da Spätburgunder vor allem aber in Baden und Württemberg angebaut wird (hoher Genossenschaftsanteil), ist die Beschaffung recht schwierig. Spätburgunder wird häufig zu Weißherbst gekeltert.
Enger Verwandter, aber weniger angebaut, ist der **Frühburgunder,** auch Clevner genannt, der in Württemberg und Franken zumeist beste Weine liefert.
Trollinger: Ursprünglich aus Südtirol importiert (Name angeblich abgeleitet aus „Tirolinger"), die Rotweintraube Württembergs. Liefert bei mittlerem Mostgewicht säurebetonte Weine. Eine geringe Farbausbeute liegt nicht an einem Behandlungsfehler, Trollingerweine sind im allgemeinen kaum mehr als hellrot – auch der Südtiroler Vernatsch ist an südlichen Beispielen gemessen wenig gefärbt.
Soweit im Handel Trollinger mit besserer Farbe auftauchen, wurde entweder eine Maischeerhitzung durchgeführt oder wurde „Deckrotwein" untergemischt.
Schwarzriesling: Auch als Müllerrebe bekannt, die französische Bezeichnung Pinot meunier verrät die Verwandtschaft zum Spätburgunder, aus dem er wahrscheinlich entstanden ist (er hat aber nichts mit dem Riesling zu tun!). Schwarzriesling erreicht zwar nicht die Qualität des Spätburgunders, ist aber im Anbau unproblematischer, die Weine sind in fast jedem Jahr trinkbar.
Lemberger: Auch als Limberger bezeichnet, in Österreich Blaufränkischer. Auch dieser Wein ist in Deutschland nur in Württemberg zu finden. Erreicht fast das Mostgewicht des Spätburgunders bei etwas höherer Säure.
Der Lemberger liefert einen bemerkenswerten, herben Rotwein, der viele Liebhaber hat. Der Hobbyweinbereiter wird aber nur schwer an diese Traube kommen.

Roséweine und Rotlinge

Dies sind keine Rebsorten, Roséweine werden vielmehr dadurch gewonnen, daß Rotweintrauben (in Deutschland vor allem Spätburgunder, evtl. Schwarzriesling) süßgekeltert (s. Seite 55) werden, folglich nur wenig Farbstoff enthalten. Deutsche Roséweine werden unter bestimmten Bedingungen als Weißherbste bezeichnet.
Die Süßkelterung von Rotweintrauben bringt gänzlich eigenständige Weine, die frischer und spritziger schmecken und im Gegensatz zu den Rotweinen echte Sommerweine sind, auch einige Grad kühler getrunken werden.
Im Gegensatz zu den ganz aus roten Trauben gewonnenen Weißherbsten werden Rotlinge dadurch gewonnen, daß rote und weiße Trauben gemeinsam verarbeitet werden. Wenn ein solcher Rotling aus Württemberg stammt, so darf er als Schillerwein bezeichnet werden; ist er aus badischem Ruländer und badischem Spätburgunder gekeltert, so kann die Bezeichnung „Badisch Rotgold" verwendet werden.

Die Weinlese

Der Reifeprozeß einer Frucht läßt sich an zwei Werten ablesen, die sich im

Laufe des Herbstes gegenläufig verändern: Während die Säure von Tag zu Tag zurückgeht, nimmt der Zuckergehalt immer mehr zu. Diese Entwicklung ist selbstverständlich nicht unendlich, irgendwann ist die Frucht überreif, sie fängt an zu faulen. Außerdem geht mit zunehmender Reife auch der Ertrag zurück, Wasser „verdunstet“. Die Festlegung des Erntezeitpunktes ist daher von allergrößter Tragweite für Qualität und Menge der späteren Weine, sie erfordert Erfahrung und Fingerspitzengefühl.

Der optimale Lesezeitpunkt ist so wichtig, daß die Festlegung in den meisten Weinbaugebieten nicht dem Winzer überlassen wird, sondern aufgrund von „Herbstordnungen“ von Amts wegen („Herbstausschuß“) oder auch von den Winzergenossenschaften festgelegt wird.

Der Lesezeitpunkt hängt dabei nicht nur vom Zustand der Trauben ab – bei beginnender Fäulnis muß natürlich sofort gelesen werden –, sondern auch von der erwarteten Witterung.

Ungefähre Reife verschiedener Rebsorten unter deutschen Verhältnissen

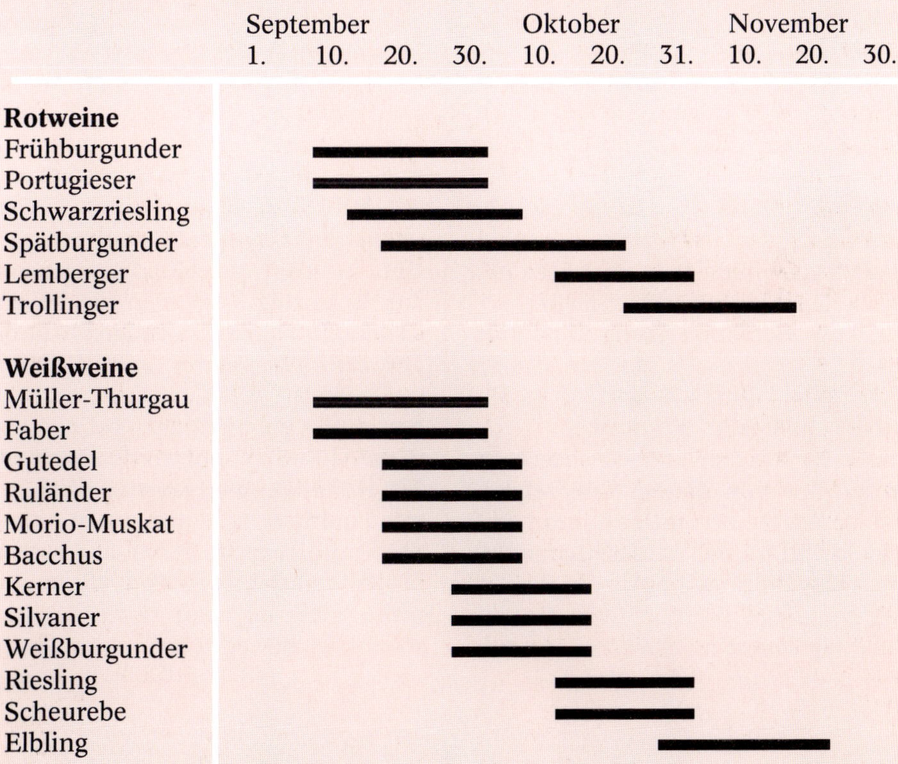

So ist ein Lesebeginn immer dann angezeigt, wenn das Risiko weiteren Abwartens die Chance auf eine Qualitätssteigerung überwiegt.
Anhaltspunkte sind:

- Ein je nach Sorte hohes Mostgewicht wird nur mehr beschränkt steigerungsfähig sein
- Hagelgeschädigte Trauben neigen zur Fäulnis
- Schlechtes Wetter, Regen, Kälte und gar Frost lassen keine weitere Reife erwarten
- Wird bei Regen gelesen, so wird der Most gleichsam verdünnt, die Mostgewichte gehen zurück.

Unter Umständen wird eine Vorlese notwendig, es werden die fäulnisgefährdeten Trauben herausgelesen, die gesunden verbleiben zur weiteren Reife am Stock. Dieses Verfahren liefert optimales Lesegut, aber es ist sehr arbeitsintensiv.

Umgekehrt kann man auch bei der Hauptlese besonders gesund erscheinende Trauben am Stock belassen und erst in einer Spätlese einsammeln.

Eine besondere Bedeutung kommt einem Pilz zu, *Botrytis cinerea,* der die Trauben mit Grauschimmel überzieht und die „Edelfäule" hervorruft.

Weine, für die die Trauben ausgelesen werden, die von diesem Pilz befallen sind, haben ein besonders hohes Mostgewicht und werden Auslese genannt.

Eine Steigerung davon sind die Beerenauslesen, für die tatsächlich, wie der Name sagt, einzelne Beeren ausgesucht werden. Für Trockenbeerenauslesen werden schließlich nur jene Beeren verwendet, die durch die Tätigkeit von *Botrytis cinerea* rosinenartig ausgetrocknet sind.

Eine weitere, durch die Art der Lese bestimmte Spielart ist der Eiswein, man verwendet dazu Trauben, die in gefrorenem Zustand geerntet und gekeltert werden. Da nur das Wasser im Beerensaft gefriert, sind die anderen Mostbestandteile – vor allem Zucker und Säure – entsprechend konzentriert, wodurch das Mostgewicht beträchtlich ansteigt.

Zur Erzeugung der hier geschilderten Spezialitäten wie Auslesen usw. gehört aber eine erhebliche Erfahrung, ein Neuling sollte keineswegs von der Kelterung solcher Weine träumen, sondern sich zur Zeit der Hauptlese an die Arbeit machen.

Bei der Lese werden die Trauben mit der Rebschere abgeschnitten und zunächst in Kunststoffeimer gelegt. In Bütten – früher aus Holz, heute zumeist aus Kunststoff – werden die Trauben dann zum Fahrzeug getragen. Auf dem Fahrzeug stehen heute spezielle Kunststoffbehälter, die in der Kelter mit Greifern direkt vom Fahrzeug gehoben und in die Mühle gekippt werden können.

Für Hobbyweinbereiter sind solche Geräte natürlich nicht notwendig. Je nach der Traubenmenge verwendet man am besten Kunststoffwannen, die man so wählt, daß sie auch noch mit Menschenkraft bewegt werden können.

Schema der Weinbereitung

Süßkelterung
Weißwein, Rosé

Maischegärung
Rotwein

Anstellhefe bereiten
Früchte falls nötig waschen

nicht abbeeren

Stiele, Kämme, Rappen entfernen

Früchte mahlen oder zerdrücken (maischen)

schwefeln mit ½–1,5 g/10 l
nach 0–24 Stunden entsaften,
mit ½ g/10 l schwefeln
6–24 Stunden vorklären, dann abstechen
Anstellhefe zusetzen

schwefeln mit 1–2 g/10 l
Hefe in Maische einrühren
nach 8–14 Tagen entsaften
jetzt **nicht** schwefeln

entsäuern, anreichern, verschneiden
1 Woche bis 2 Monate nach Ende der Gärung abstechen, schwefeln mit ½ g je 10 l
wenn nötig schönen, filtrieren usw.
nach weiteren 3–4 Monaten erneut abstechen und mit ½ g/10 l schwefeln
SO_2-Gehalt überwachen und einstellen
abfüllen
lagern und trinken

Keller-Protokoll Jahr: ....

Fruchtart/Sorte: ....
geerntet am: .... kg: ....
gemaischt am: ....
gepreßt am: .... Liter: ....
Mostgewicht bei Kelterung: .... °Oe Säure: .... ‰
Mostgewicht am: .... °Oe Säure: .... ‰
....

Vorklären .... Std.
Trockenzuckerung .... kg Zucker, ergibt .... Vol.% Alkohol
Entsäuerung .... g Kalk, verbleibt .... ‰ Säure
Naßzuckerung .... l Zuckerwasser, verbleibt .... ‰ Säure
davon .... kg Zucker, ergibt .... Vol.% Alkohol
Schwefelung der Maische .... g Kaliumdisulfit
Schwefelung des Mostes .... g Kaliumdisulfit
Heferasse, Hefehersteller ....
Weitere Mostbehandlung (Enzyme, Nährsalze usw.): ....
....

1. Abstich .... Schwefelung: ....g KD
2. Abstich .... Schwefelung: ....g KD

Weitere Weinbehandlung (Schönungen, Filtrationen): ....
....

Flaschenfüllung am: .... Schwefelung: ....g KD

Qualitätsbeurteilung:

Rebsorte:	typisch	ja/nein	Geruch	
Prädikat:	typisch	ja/nein	Geschmack	
Herkunft:	typisch	ja/nein	Harmonie	
Farbe:	typisch	ja/nein	Summe	....
Klarheit:	glanzhell	ja/nein	Qualitätszahl	....

Die Weinbereitung

Von der Traube zum Most

Süßkelterung und Maischegärung

Nach der Ernte der Früchte beginnt die eigentliche Weinbereitung. Dabei werden zwei verschiedene Verfahren angewendet.

Bei der Süßkelterung werden die Trauben gemaischt – wie ab Seite 25 beschrieben – dann wird die Maische abgepreßt, bevor die Gärung einsetzt. Der so gewonnene Most ist noch unvergoren, also süß – daher der Name Süßkelterung.

Diese wird immer dann angewendet, wenn keine Färbung des Weines angestrebt wird, also bei Weißweinen und hellen Fruchtweinen. Werden Rotweintrauben süßgekeltert, so entsteht Roséwein, auch Weißherbst genannt.

Bei der **Maischegärung** werden zunächst die Trauben gemahlen, aber noch nicht abgepreßt. Die Maische beginnt zu gären, erst nach einigen Tagen der Gärung wird abgepreßt.

Der sich bei der Gärung bildende Alkohol löst die hauptsächlich in den Schalen sitzenden Farbstoffe, wodurch der Rotwein überhaupt erst seine kräftige Farbe erhält. Die Maischegärung ist daher das klassische Verfahren zur Herstellung von Rotwein.

Da angegorene Maische im allgemeinen besser zu entsaften ist, wird dieses Verfahren auch bei einigen Fruchtweinen angewendet, bei denen es auf die Farbe nicht ankommt, aber Schwierigkeiten beim Entsaften zu erwarten sind, z. B. bei Hagebutten- oder Erdbeerwein (s. Kapitel „Fruchtweine“).

Die Maischegärung bringt einige Risiken mit sich: Im Tresterhut finden Luft und Schädlinge eine relativ große Kontaktfläche. Oxidationen, Alkoholverlust durch Verdunstung und Infektionen sind die Folge.

In Deutschland wird daher die Maischegärung heute weitgehend durch die Hoch-Kurzzeit-Erhitzung ersetzt. Die Maische wird dabei kurzfristig auf 65–85 °C erhitzt und nach einer Standzeit von – je nach Verfahren – einigen Minuten bis mehreren Stunden wieder schnell abgekühlt. Dabei wird der Farbstoff durch die Wärmeeinwirkung gelöst.

Abgesehen davon, daß dieses Verfahren nicht sehr schonend mit dem empfindlichen Fruchtmaterial umgeht (die Weine klären sich anschließend auch schlecht und sind schwer zu filtrieren), hat der Hausweinbereiter nicht die Geräte, um dieses Verfahren anzuwenden, insbesondere ist ihm eine **schnelle** Er-

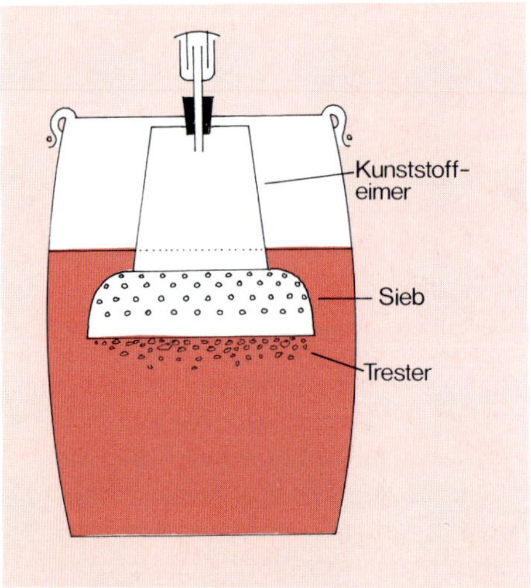

Diese oder ähnliche Vorrichtungen halten den Trester in dem Most. Das Stoßen des Tresterhutes wird damit teilweise unnötig.

hitzung und Abkühlung nicht möglich.
Ein guter Kompromiß ist, die Trauben gut zu entsaften (mit Sieb und Siebtuch oder auch mit Presse). Das verbleibende Fruchtfleisch kann dann entweder dampfentsaftet werden, oder es wird, schonender, auf dem Herd bis 80 °C erhitzt und dann abgepreßt. Nach dem Abkühlen werden der kaltgepreßte, also schwachgefärbte Saft und der farbkräftige, warmgepreßte Saft wieder gemischt und gemeinsam vergoren. Die Vorteile dieses Verfahrens:

- Die Risiken der Maischegärung werden vermieden
- Der Most besteht rund zur Hälfte aus kalt gewonnenem, unverfälschtem Vorlauf, der alle natürlichen Kleinstlebewesen und Enzyme enthält
- Gute Ausbeute, gute Farbstärke.

Wichtig ist, daß die Maische in Behältern erhitzt wird, die entweder aus Edelstahl oder Aluminium oder emailliert sind. Keinesfalls darf man Behälter aus Zinkblech verwenden!
Der Hobbywinzer wird aber eher bei der klassischen Maischgärung bleiben. Die Trauben werden gemahlen und in einen oben offenen Behälter (Eimer bei kleineren Mengen, sonst ein stehendes Weithalsfaß) gegeben, der Behälter wird zu ⅔ gefüllt. Ballons und liegende Fässer kommen für die Vergärung von Maische nicht in Frage.
Die Maische wird täglich umgerührt und die aufsteigenden Festteile, der Tresterhut, wird wieder unter die Flüssigkeitsoberfläche gestoßen, damit die Festteile, die ja die Farbstoffe tragen, ständig von der Flüsskeit umspült sind. Man kann sich dieses Stoßen des Tresterhutes teilweise ersparen, wenn man ein Sieb so anbringt, daß die Festteile gar nicht erst hochsteigen können. Die technische Durchführung einer solchen Vorrichtung bleibt der Phantasie des Einzelnen überlassen, die Abbildung links kann dazu als Anregung dienen.
Der Vorteil dieser Vorrichtung liegt nicht nur in einer Arbeitsersparnis, vielmehr bleibt die Maische auch eher ge-

Vier Weißwein-Rebsorten
Müller-Thurgau (links oben)
Riesling (rechts oben)
Silvaner (links unten)
Ruländer (rechts unten)

gen Infizierung geschützt, wenn sich kein Tresterhut bilden kann. Durch Verschließen des Fasses und Verwendung eines Gärspundes werden die Gefahren der Maischegärung weiter vermindert.
Allerdings enthält im Laufe der Gärung der Trester, der sich unter dem Sieb sammelt, immer mehr Kohlensäure. Dadurch kann der Wein den Trester gar nicht mehr umspülen – der Zweck der Maischegärung wird nicht mehr erreicht, die Farbe kann nicht aus den Beerenhäuten ausgewaschen werden: der Wein bleibt blaß. Eine bessere Farbe erreicht man, wenn zweimal täglich ein Eimer Wein am Hahn abgelassen und durch das Spundloch zurückgegeben wird. Für eine gute Farbausbeute sollte aber zusätzlich der Trester einige Male untergearbeitet werden.

Entrappen, Abbeeren

Das Trennen der Beeren von den Kämmen bringt bei der **Süßkelterung** nur Nachteile: Die Kämme (Stiele) bilden beim Pressen eine Art von Drainagesystem, wodurch die Arbeit sehr erleichtert wird. Außerdem werden beim Abbeeren Trauben zum Teil so fein zerrieben, daß bei entrappter Maische der Most deutlich mehr Trubteile enthält.
Zudem ist ein gewisser Gerbstoffgehalt durchaus erwünscht, weil er die Selbstklärung des Weines verbessert.
Ausnahmsweise wird man sehr unreife oder erfrorene Trauben auch bei der Süßkelterung entrappen.
Bei der **Maischegärung** (auch bei Maischeerhitzung) empfiehlt es sich, die Beeren vor dem Maischen von den Kämmen zu trennen, weil durch das Angären nicht nur Farbstoffe aus den Häuten, sondern auch zuviel Gerbstoff aus den Kämmen aufgenommen und der Wein bitter wird. Allerdings ist das Entrappen eine ziemliche Arbeit. Wer nicht zu den glücklichen Besitzern einer Abbeermaschine (näheres siehe Seite 20) zählt, dem bleibt leider nur die Handarbeit. Am besten Gummihandschuhe und Schürze anziehen. Die Trauben am Stiel fassen und dann die Beeren abstreifen.

Maischen

Früher wurden die Trauben – entrappt oder nicht – in großen Bottichen mit den Füßen zerstampft. Über Hygiene läßt sich streiten, es war aber damals sicher die bequemste Art des Einmaischens. Ob Auto- und Industrieabgase und Staub dem Wein weniger schaden als sauber gewaschene Füße, mag der Leser selber überlegen, heute jedenfalls werden im allgemeinen Traubenmühlen verwendet. Kleinere Mengen lassen sich ohne weiteres durch Zerstampfen mit einem geeigneten Gegenstand (Holzstößel, Weinflasche) verarbeiten oder einfach mit den Händen zerdrükken (Gummihandschuhe anziehen).

Fermentieren

Saft und Fruchtfleisch werden durch Pektine zusammengehalten, das sind jene Stoffe, die etwa bei Sirup und Ge-

Vier Rotwein-Rebsorten
Portugieser (links oben)
Spätburgunder (rechts oben)
Trollinger (links unten)
Lemberger (rechts unten)

lee das Gelieren bewirken. Setzt man nun pektinspaltende Enzyme zu, wie etwa „Pektinol“ oder „Kitzinger Antigel“, so werden diese Pektine zerstört, ein Teil des Saftes kann als Vorlauf ausgeschieden werden, die verbleibende Maische wird leichter preßbar. Diese Mittel stellen einen beträchtlichen Eingriff dar, ohne daß eine wesentliche Qualitätsverbesserung zu erreichen wäre, lediglich die Arbeit wird etwas erleichtert. Durch eine längere Standzeit der Maische, durch Hinausschieben des Pressens, wird aber fast dasselbe erreicht. Bei einigen Fruchtweinen kann freilich auf diese Enzyme nicht verzichtet werden. Wenn diese Mittel verwendet werden müssen, bitte die Herstellerangaben beachten.
Manchmal werden pektinspaltende Enzyme auch verwendet, um die Klärfähigkeit eines Weines zu verbessern. Dies ist aber selten notwendig, weil der Alkohol die Pektine ohnehin zur Ausscheidung bringt.
Außerdem läßt sich Most wesentlich besser filtrieren, wenn er fermentiert wurde – wobei der Hobbykellerwirt kaum einmal Most filtrieren wird, sondern ihn durch Absetzenlassen vorklärt.

Schwefeln der Maische

In der Maische entfalten sich jetzt vielerlei Kleinstlebewesen und Enzyme, nützliche und schädliche. Die Qualität des entstehenden Weines wird mit davon abhängen, daß es gelingt, die nützlichen in ihrer Entfaltung zu fördern und die schädlichen zu hemmen. Im Großbetrieb wird heute mit Vorliebe die Maische auf etwa 70 °C erhitzt – damit werden aber alle Organismen geschädigt oder vernichtet, auch die nützlichen, die danach in der Form der Reinzuchthefen oder der pektinspaltenden Enzyme teilweise wieder zugesetzt werden. Diese Methode ist theoretisch auch im Haushalt möglich (Tauchsieder), aber sehr aufwendig. Außerdem wird hier wohl mit Kanonen auf Spatzen geschossen.
Eine andere Möglichkeit, die Entwicklung der Kleinstlebewesen und Enzyme zu steuern, bietet das Schwefeldioxid SO_2: Es drängt die unerwünschten Organismen stärker zurück als die erwünschten. Insbesondere hemmt das SO_2 die Oxidationsenzyme, die Apiculatushefen, die Essigbakterien und die Milchsäurebakterien, während die Weinhefe kaum geschädigt wird. Allerdings hat ein Übermaß an Schwefel die unangenehme Eigenschaft, jene Substanzen zu bilden, die das gefürchtete Kopfweh am Morgen danach hervorrufen (nicht der Zucker, aber davon später mehr). Daher Schwefel so maßvoll wie möglich verwenden! Das Weingesetz schreibt Höchstwerte vor, die aber nach den Angaben in diesem Buch nie erreicht werden. Im Großbetrieb wird für die Schwefelung in Stahlflaschen unter Druck (2–4 atü) verflüssigtes SO_2 verwendet. Zwar gibt es dieses verflüssigte SO_2 mittlerweile auch in der Spraydose, für uns wird aber doch weitgehend das Kaliumdisulfit = KD (auch Kaliumpyrosulfit genannt) in Frage kommen, ein weißliches Pulver, welches in Wasser das SO_2 bildet*.

---

* *chemische Gleichung im Anhang*

Erhältlich ist Kaliumdisulfit pulverförmig in Packungen ab 10 g, am leichtesten anzuwenden ist es gepreßt zu Tabletten von 1 g. Da KD sich im Laufe der Zeit zersetzt und unwirksam wird, sollte es immer nur für eine Saison angeschafft werden. Lose gekauftes Pulver in größeren Mengen ist natürlich billiger. Falls dies von der Menge her in Betracht kommt (besonders, wenn Trockenfüllungen für den Zapfspund verwendet werden), so füllen Sie das Pulver am besten in ein gut gereinigtes und getrocknetes Glas mit Twist-off-Verschluß. Beim Öffnen Nase zur Seite drehen, es entweicht ein stechend riechendes Gas!

Das Maß der Schwefelung wird im allgemeinen in mg/l SO_2 angegeben. Bei Verwendung des Kaliumdisulfits sind dazu etwas verwirrende Umrechnungen notwendig. Wenn in diesem Buch Schwefelmengen angegeben werden, so immer in g Kaliumdisulfit je 10 l (g KD/10 l), damit die Rechenarbeit des Lesers auf ein Minimum begrenzt bleibt.

Bei **Süßkelterung** wird mit 0,5 bis 1,5 g KD/10 l geschwefelt, das sind 25–75 mg/l SO_2

Bei **Maischegärung** wird mit 1–2 g KD/10 l geschwefelt, das sind 50–100 mg/l SO_2.

Der niedrigere Wert gilt für gesunde, der höhere für sehr angefaulte Früchte. Pulver abwiegen oder Tabletten teilen und zerstoßen, in etwas Saft auflösen und in die Maische einrühren. Vielfach wird empfohlen, das zerstoßene Kaliumdisulfit auf die Maische aufzustreuen; dies genügt aber nicht, denn das SO_2 soll ja nicht an der Oberfläche wirken, sondern in der Maische!

Früher wurde dadurch geschwefelt, daß im leeren Faß eine Schwefelschnitte abgebrannt wurde. Beim Verbrennen entsteht SO_2-Gas, das Faß wird sauerstoff- und keimarm. Wird nun der Wein eingefüllt, so nimmt er etwas SO_2 auf. Diese Methode – sie wird mangels besseren Wissens auch heute noch gelegentlich angewendet – ist zwar nicht ganz sinnlos, die aufgenommene SO_2-Menge ist jedoch so gering, daß ihr nur eine symbolische Wirkung zukommt. Ausnahme: Einbrennen von Holzfässern. In Kunststoffässern keinesfalls Schwefelschnitten abbrennen!

Schwefelverbindungen gehören mit Sicherheit zu den Umweltgiften, erinnert sei an das gegenwärtig zu beobachtende Waldsterben, für das SO_2-haltige Niederschläge verantwortlich sein dürften. Auch der dem Wein zugesetzte Schwefel kann die Gesundheit beeinträchtigen, sogenannte Kopfwehweine enthalten immer auch recht viel Schwefel. Strittig ist freilich, ab welchem Grenzwert solche Gesundheitsschäden ausgelöst werden. Die im Weinrecht zulässigen Werte werden oft als zu hoch kritisiert, und es fehlt nicht an Versuchen, das Schwefeln ganz durch andere Verfahren zu ersetzen.

Das sogenannte „Walthari-Verfahren" scheint in dieser Hinsicht bislang am wirkungsvollsten zu sein. Dabei wird die keimhemmende Wirkung des Schwefels durch Einsatz von Hefestämmen ersetzt, die schädliche Organismen nachhaltig überspielen. Und die oxidationshemmende Wirkung des Schwefels wird durch besonders sorgfältigen Sauerstoffabschluß ausgeglichen.

Gerade die letzte Bedingung können wir ohne Spezialgeräte nicht vollständig erfüllen, völlig schwefelfreie Weine werden wir daher nicht herstellen können. Gerade trockene Weine werden jedoch durchaus mit minimalstem Schwefelgehalt auskommen können, wenn alle in diesem Buch dargestellten Vorsichtsmaßnahmen beachtet werden.

Zur Sauerstoffbindung läßt sich statt des Schwefels auch Askorbinsäure (= Vitamin C) einsetzen. Die Methode ist zwar umstritten, wenn sich auch die Schwefelung unmittelbar vor der Flaschenfüllung weitgehend durch Askorbinsäure ersetzen läßt.

Askorbinsäure ist wohl das am wenigsten schädliche Weinbehandlungsmittel überhaupt, trotzdem wurde die zugelassene Menge begrenzt: Während der gesamten Weinherstellung darf höchstens 1,5 g/10 l zugesetzt werden.

Gärhefe zusetzen

Alle Früchte, mit Ausnahme der Trauben, haben nicht jene Hefen in genügender Konzentrierung, die eine reintönige Gärung gewährleisten. Es empfiehlt sich daher, Reinzuchthefe – aus Sicherheitsgründen auch bei Traubenweinen – zuzusetzen. Die Reinzuchthefe wird in Hefezuchtanstalten aus besonders gärkräftigen Hefestämmen gezüchtet. Dabei wird eine Vielzahl von Heferassen angeboten, die sich in ihrem Temperaturverhalten und in der Alkoholverträglichkeit unterscheiden: Es gibt „Kaltgärhefen“, die sich auch bei 10 °C noch wohl fühlen, andere dagegen werden erst bei 20 °C richtig aktiv. Andererseits sterben bestimmte Heferassen schon bei 12 % Alkohol ab, Portweinhefen dagegen erst bei über 18 %. Angeboten wird die Hefe in Fläschchen als Flüssighefe oder granuliert als Trockenhefe.

Die Flüssighefe hat den Vorteil, daß sie in sehr vielen verschiedenen Rassen für praktisch jeden Zweck gezüchtet wird, allerdings mit dem Nachteil nur begrenzter Haltbarkeit. Von der Vielzahl der angebotenen Hefetypen sollte man sich nicht zu sehr beeindrucken lassen. Aus einem sauren Hintertupfinger Bahndamm wird auch bei Verwendung einer Hefe Medoc kein Château Mouton-Rothschild.

Trockenhefen dagegen sind nur in wenigen Grundsorten erhältlich, aber sehr lange haltbar. Bitte jeweils die Herstellerangaben beachten.

Damit die Hefe ihre Wirkung optimal entfalten kann, wird zuerst eine Anstellhefe angesetzt. Die Hefe wird einige Tage vor der Kelterung in eine zur Hälfte mit gekauftem Traubensaft gefüllte Literflasche gegeben. Die Flasche wird mit einem Wattebausch verstopft und warmgestellt. Sobald die Gärung voll in Gang ist, wird die Flasche noch einige Stunden im Gärkeller aufgestellt, damit die Hefe sich an die dort herrschenden Verhältnisse gewöhnen kann. Dann wird der Ansatz in den Gärbehälter eingerührt.

Eine Alternative zur Reinzuchthefe ist die Verwendung von selbstgezüchteter Anstellhefe. Eine Woche vor der Kelterung des zu beimpfenden Mostes wird etwa 1 kg Trauben entsaftet. Der gewonnene Saft, ca. 0,6 l, wird mit einer kleinen Menge KD geschwefelt, etwa ⅙ einer 1 g-KD-Tablette. Danach wird die Flasche mit einem Wattebausch verstopft. Bei Zimmertemperatur beginnt nach einigen Tagen die Gärung. Nach der Kelterung des eigentlichen Weines wird die Anstellhefe in den Gärbehälter eingerührt.

Ein Kompromiß zwischen beiden Verfahren könnte sein, Reinzuchthefe zu verwenden, für den Gäransatz aber nicht Traubensaft, sondern wie bei Verwendung selbstgezüchteter Anstellhefe selbstgepreßten, nicht pasteurisierten Most einzusetzen.

Die Anstellhefe wird auf diese Weise die gärkräftigen, reingezüchteten Hefen verstärkt enthalten, aber auch die im Most natürlich vorkommende Hefevielfalt, die sich im Weinberg entwikkelt hat.

Wenn Reinzuchthefe verwendet wird, kann die Anstellhefe in gut sauerstoffhaltigem Most angesetzt werden; Hefen benötigen zur Vermehrung Sauerstoff. Der zu vergärende Most dagegen muß möglichst sauerstoffarm gehalten werden; die Hefen sollen sich jetzt nicht in erster Linie vermehren, sondern Alkohol bilden, dazu wird kein Sauerstoff benötigt.

Bei **Süßkelterung** wird die Anstellhefe dem gekelterten Most zugegeben.

Bei **Maischegärung** wird die Anstellhefe der Maische zugegeben.

Manche Hobbykellerwirte verwenden bei der Weinherstellung auch Bierhefe oder Backhefe. Diese Heferassen bringen zwar auch eine Gärung in Gang, aber sie können beim Wein nicht zu einem optimalen Ergebnis führen, schließlich sind sie zu ganz anderen Zwecken gezüchtet worden. Sie haben also Eigenschaften, die bei der Bier- oder der Broterzeugung erwünscht sind. Vor allem können bei diesen Hefen Nebenprodukte entstehen, die beim Wein gerade nicht erwünscht sind, so z. B. etwa Essigsäure, die beim Brot dagegen in entsprechendem Umfang entstehen soll.

Hefenährsalze zusetzen

Hefe braucht für ihre Entwicklung Stickstoff. In unverdünnten Mosten ist fast immer genügend Stickstoff enthalten, die Hefen können sich genügend entwickeln. Werden Moste jedoch naßgezuckert – also verdünnt –, so wird gleichzeitig auch der Stickstoffgehalt des Mostes herabgesetzt. Die Hefe reagiert darauf mit Gärschwierigkeiten. Manche Früchte haben auch schon von Natur aus wenig Stickstoff, z. B. Heidelbeeren.

Bei geringem Stickstoffgehalt kann mit sogenanntem Hefenährsalz Abhilfe geschaffen werden. Die Hefenährsalze sind Ammoniumsalze, vor allem Ammoniumphosphate.

Der Zusatz ist rechtlich auf 4 g/10 l begrenzt.

Entsaften

Die Maische kann normalerweise bei der **Süßkelterung** sofort entsaftet werden, wie dargestellt erleichtert man sich diese Arbeit aber durch eine Standzeit von einem halben bis ganzen Tag, weil dann einige Pektine abgebaut sind. Andererseits besteht während der Standzeit erhöhte Infektionsgefahr.

Außerdem nimmt der Most aus den Kämmen und Häuten Gerbstoffe und Farbstoffe auf. In geringem Umfang ist dies durchaus erwünscht, größere Men-

gen dieser Stoffe können aber Weißweine bis ins Braune verfärben.
Bei **Maischegärung** wird alle zwei bis drei Tage eine Saftprobe entnommen und das Mostgewicht festgestellt. Abgepreßt wird, wenn das Mostgewicht auf etwa 25–35 % des Anfangsmostgewichtes zurückgegangen ist, was nach 8–14 Tagen der Fall ist.
Je nach Standzeit und Beschaffenheit der Maische („brühig" oder „brockig") wird ein Teil des Saftes schon durch „Abwirzen" zu gewinnen sein, also durch Absaugen mit dem Schlauch oder durch Ablassen am Hähnchen.
Die verbleibende Maische muß nun weiter verarbeitet werden. Fein heraus ist, wer eine Presse zur Verfügung hat. Wer nicht in dieser glücklichen Lage ist, wird sich mit Preßtüchern oder dergleichen behelfen müssen (s. Seite 25).
Für die Arbeit mit der Presse gilt: Man schont Material und Kraft, wenn man den Preßvorgang mehrmals wiederholt – zwischendurch den Trester wieder auflockern – anstatt den Druck mit viel Krafteinsatz immer mehr zu steigern. Bis zu vier solcher „Aufscheiterungen" sind üblich.
Allerdings nimmt die Qualität des Mostes von Pressung zu Pressung ab (weniger Mostgewicht, mehr Trub). In manchen südlichen Ländern geht man so weit, nur den Vorlauf zu Wein zu verarbeiten, den Preßmost aber zu Branntwein (Treberschnaps, Grappa). Dabei erreicht man sicherlich die denkbar beste Weinqualität, allerdings ist der Verlust an Quantität mit über 30 % beträchtlich.
Hier gilt es, einen Kompromiß zu finden. Da mit der Zahl der Pressungen auch der Arbeitsaufwand im Verhältnis zur Ausbeute erheblich ansteigt, sind mehr als drei Pressungen wohl nicht zu empfehlen.
Früher war durchaus üblich, den Trester mit Wasser anzufeuchten, einige Zeit (über Nacht) stehen zu lassen und erneut abzupressen. Das Weingesetz läßt dieses Verfahren für den „Haustrunk" des Winzers auch weiterhin zu. Im Interesse der Weinqualität sollte dieses Verfahren allenfalls dann angewendet werden, wenn sowieso ein Naßzuckern vorgenommen werden soll. Statt Wasser kann dann dieser Trestermost gezuckert und dem zu verbessernden Most zugesetzt werden.
Die beim Pressen verwendeten Tücher – aus Leinen, heute vielfach aus Perlon oder Nylon – müssen nach jedem Arbeitstag in heißem Wasser ausgewaschen werden. Nur wenn das Tuch sehr verschmutzt ist (bei Hagebutten oder Kirschen zum Beispiel), ist die Verwendung von Waschmitteln erforderlich, danach muß man sorgfältig mit klarem Wasser nachspülen.

Schwefeln des Mostes

Bei **Süßkelterung** wird mit 0,5 g Kaliumdisulfit (½ Tablette) je 10 l Most geschwefelt (25 mg/l So_2).
Bei **Maischegärung** ist jetzt die Gärung in vollem Gang. Würde man gleichzeitig schwefeln, so würde der bei der Gärung entstehende Azetaldehyd das SO_2 sofort binden, ohne daß dieses seine Wirkung entfalten kann.

Daher: Nie in eine laufende Gärung schwefeln!

Vorklären

Der Most wird nach dem Entsaften bei **Süßkelterung** noch nicht sofort zu gären beginnen. Daher wird man jetzt „Vorklären". Man läßt den Most je nach Trubgehalt 5–24 Stunden im Faß oder Ballon stehen und füllt ihn dann in den eigentlichen Gärbehälter um. Dabei bleibt dann der Bodensatz, der Trub, im Vorklärbehälter. Der Trub kann gefiltert und dann normal weiterverarbeitet werden. Elegante Alternative: Der Trub wird auf einen trockengepreßten Tresterkuchen aufgeschüttet und mit diesem zusammen neu ausgepreßt.

Das Vorklären dient dazu, Schmutzteile usw. vor der Gärung zu beseitigen und verbessert die Weinqualität erheblich.

Vor Übertreibungen ist zu warnen. Maßloses Vorklären bringt Gärschwierigkeiten und eventuell Aromaverluste! Bei der Hausweinbereitung ist diese Gefahr allerdings gering, weil der Vorklärung natürliche Grenzen gesetzt sind durch das Einsetzen der Gärung. Spätestens zu diesem Zeitpunkt müssen Trub und Most getrennt sein, weil die Gärung den Trub wieder aufwirbelt. Bei **Maischegärung** entfällt ein Vorklären, weil die Maische ja bereits voll in Gärung war und der gepreßte Most sofort weitergärt.

Der Natur nachhelfen

Naturreine Weine?

An sich könnte man jetzt dieses Kapitel überspringen und damit einen „naturreinen" Wein (das Weingesetz läßt, wie wir bereits hörten, diese Bezeichnung nicht mehr zu) erhalten. Jedoch bringt kaum eine Frucht die natürlichen Voraussetzungen mit, um naturrein vergoren zu einem schmackhaften und haltbaren Wein zu werden. Allerdings wird eine Frucht um so eher diesen Ansprüchen entsprechen, je weiter der Reifeprozeß bei ihr fortschreiten konnte.

Dieser Reifeprozeß ist dadurch gekennzeichnet, daß einerseits der Zuckergehalt ständig zunimmt und andererseits der Säuregehalt sich vermindert. Im Zustand der Vollreife sind dann einige Früchte – insbesondere Weintrauben – tatsächlich naturrein zu vergären, was etwa ab 75 °Oe bei einem Säuregrad von 6–8 ‰ der Fall ist.

Dieser Zustand der Vollreife läßt sich aber nicht beliebig herbeiführen, drohende Fäulnis oder Nachtfröste zwingen in unseren Breiten häufig zu einer vorzeitigen Ernte. Andere Früchte erreichen selbst unter optimalen Bedingungen nie die erwünschten Werte.

Hier müssen die nachfolgend beschriebenen kellertechnischen Maßnahmen helfen.

Bei **Süßkelterung** wird eine Qualitätsverbesserung am besten nach dem Abstich vom Vorklärtrub durchgeführt. Zu diesem Zeitpunkt werden jene Stoffe noch nicht beeinflußt, die erst bei der Gärung gebildet werden, falsches Vorgehen kann also durch die Gärung teilweise von selbst ausgeglichen werden.

Bei **Maischegärung** wird eine Qualitätsverbesserung nach dem Maischen oder nach dem Entsaften vorgenommen. Eine Bearbeitung der Maische hat theoretisch einige Vorteile (der zugesetzte Zucker führt schneller zu einem höheren Alkoholgehalt, die Maischegärung kann kürzer sein; Zuckerung führt in der Maische weniger zu Gärschwierigkeiten), in der Praxis sind jedoch Zucker und Kalk in der Maische nur sehr schwer zu verteilen.

Entsäuern

Der Säuregehalt bestimmt, zusammen mit dem Zucker, am entscheidendsten darüber, ob wir den Geschmack eines Weines als angenehm empfinden. Der Einstellung des richtigen Säuregehaltes kommt daher größte Bedeutung zu. Unmittelbar nach dem Keltern wird darum der Säuregehalt (s. Seite 38) mit Hilfe des Meßzylinders und mit der Indikatorflüssigkeit gemessen. Traubenweine werden einen Wert zwischen 4‰ und 12‰ aufweisen, in sehr ungünstigen Jahren bis nahe 20‰. Während der Gärung und während des Ausbaues wird sich dieser Wert noch um etwa 2‰ verringern, weil Säure als Weinstein ausfällt*. (Hinzu mag noch ein biologischer Säureabbau kommen, aber davon später mehr.)

Wieweit nun eine Entsäuerung vorgenommen wird, hängt von zwei Überlegungen ab:

– Haltbarkeit: Ein Wein ist um so haltbarer, je mehr Säure er enthält. Jede Entsäuerung muß daher durch andere Maßnahmen ausgeglichen werden. Will man diese Maßnahmen auf ein Minimum begrenzen, so muß die Entsäuerung maßvoll eingesetzt werden.
– Geschmack: Über Geschmack läßt sich bekanntlich nicht streiten. Unstrittig dürfte zumindest sein, daß Weine mit weniger als 4‰ Säure fad schmecken, kein Rückgrat haben. Andererseits werden Weine mit mehr als 10‰ kaum harmonisch sein.

Daraus ergeben sich nebenstehende Säuregrenzwerte.

Der Säuregehalt kann durch folgende Verfahren korrigiert werden:

– Verschnitt mit anderen Mosten
– Naßzuckerung
– einfache Entsäuerung
– Doppelsalzfällung.

Beim **Verschnitt** mit anderen Mosten ergibt sich zwangsläufig ein neuer Säuregehalt als Durchschnittswert, siehe dazu den Abschnitt „Verschnitte".

Auch die **Naßzuckerung** ist eine Art von Verschnitt, verschnitten wird mit einem „Most" der nur aus Zucker und Wasser besteht, also 0‰ Säure enthält.

Die Naßzuckerung ist für deutsche Traubenweine nicht mehr erlaubt, Fruchtweine dagegen werden fast immer naßgezuckert. Die Berechnung des Wasser- und Zuckerzusatzes ist im Kapitel „Fruchtweine" dargestellt.

Mit Hilfe der **einfachen Entsäuerung** kann die Weinsäure aus dem Wein entfernt werden. In den meisten Früchten ist diese Weinsäure aber nicht oder nur in so kleinen Mengen enthalten, daß der Entsäuerungsspielraum so gering ist, daß das Ergebnis in keinem Verhältnis zum Aufwand stehen würde. Im Traubenwein dagegen entfällt etwa ein Drittel der Gesamtsäure auf die Weinsäure (der Rest ist weitgehend Apfelsäure). Der Apfelsäureanteil ist bei unreifen Trauben noch höher, während des Reifeprozesses wird die Apfelsäure

---

* *chemische Gleichung im Anhang*

Säure des Mostes	Entsäuerung	korrigierte Säure des Mostes	Säure des Weines
bis 8‰	keinesfalls entsäuern	bis 8‰	bis 6‰
8–15‰	je nach Geschmack um höchstens ⅓	8–11‰	6–9‰
über 15‰	entsäuern (evtl. Doppelsalzfällung)	10–13‰	8–11‰

aber stärker abgebaut als die Weinsäure, wodurch der Anteil der Weinsäure bei vollreifen Trauben auf die Hälfte ansteigen kann. Dadurch steigt dann auch der Entsäuerungsspielraum an, das nützt aber wenig, weil reife, also säurearme Trauben ohnehin kaum entsäuert werden müssen.

Wir können also davon ausgehen, daß durch die einfache Kalkentsäuerung die Gesamtsäure um etwa ⅓ herabgesetzt werden kann, damit ist diese Methode bei Traubenweinen bis 15‰ Säuregehalt hervorragend geeignet.

Zur Entsäuerung wird dem Most kohlensaurer Kalk (in Lebensmittelqualität) zugesetzt, siehe Bezugsquellen.

Um 1 l Most um 1‰ zu entsäuern, müssen 0,67 g Kalk zugesetzt werden*.

Praktisches Beispiel:

Mostmenge:	60 l
Säuregehalt:	12‰
davon Weinsäure:	rund 4‰ (= ⅓ von 12)
gewünschter Säuregehalt:	9‰, also 7‰ im fertigen Wein
Entsäuerung:	3‰ (12–9)
Kalkmenge:	60 l × 3 (‰) × ⅔ g/l = 120 g

** chemische Gleichung im Anhang*

Der Kalk wird in einem Teil des Mostes (ca. ¼) aufgelöst und dann dem Restmost wieder zugeführt. Mit dem Umrühren des Kalkes ist der Vorgang abgeschlossen, das weinsaure Kalzium fällt kristallförmig aus und bleibt nach der Gärung beim 1. Abstich mit dem Hefetrub zurück.

Wie beschrieben, ist die einfache Kalkentsäuerung nur möglich bis ⅓ der Gesamtsäure. Ein Wein von 18‰ könnte also nur um 6‰ auf 12‰ entsäuert werden. Dieser Säuregehalt entspricht nicht dem Geschmacksempfinden der Mehrheit der Weintrinker. Um weiter entsäuern zu können, muß ein Verfahren gewählt werden, mit dem auch die Apfelsäure abgebaut werden kann. Mit der **Doppelsalzfällung** ist dies möglich. In der Weinliteratur wird diese Methode als nur professionell durchführbar dargestellt. Dies ist nicht richtig, allerdings muß dabei sehr genau vorgegangen werden:

1. In eine Kunststoffwanne oder einen -eimer wird der Kalk – berechnet wie bei der einfachen Entsäuerung – gegeben.
2. Es wird langsam, portionsweise insgesamt so viel Anteil des Mostes zugegeben, um wieviel Anteile entsäuert wird (Beispiel: Wird von 18 auf 12‰ entsäuert, also um ⅓, so wird

⅓ des Mostes zugegeben). Die Zugabe muß so langsam erfolgen, daß zwischen den einzelnen Portionsgaben die CO_2-Entwicklung deutlich nachläßt.

3. Wenn der ganze Mostanteil (im Beispiel ⅓ von 60 l, also 20 l) zugegeben ist, hört die CO_2-Entwicklung ganz auf.
4. Der gesamte Ansatz wird nun sorgfälltig filtriert: Filtrat so lange in den Filter zurückgießen, bis es absolut klar abläuft! Eventuell Kieselgurfiltration!
5. Das blanke Filtrat wird in den übrigen Wein wieder zurückgegeben.

Danach läuft die Weinbereitung normal weiter. Ein stark entsäuerter Wein neigt aber stark zum biologischen Säureabbau, was nach einer Kalkentsäuerung nicht mehr erwünscht sein kann. Wie auf Seite 87 beschrieben, muß dieser Abbau verhindert werden.

Bentonitschönung

Nach der Entsäuerung wird in den Kellereibetrieben normalerweise eine Bentonitschönung durchgeführt. Sie dient dem Zweck, Eiweiß vorsorglich aus dem Most zu entfernen, weil Eiweiß später beim Wein Trübungen hervorrufen kann. Richtig ist sicher, daß eine Bentonit-Behandlung* beim Most – falls notwendig – erheblich weniger Schaden anrichtet als beim Wein.

Dazu müssen dann 20 g Bentonit für 10 l in etwas Most angequollen und dann in den Rest eingerührt werden.

Folgt man dem Grundsatz, nur die Behandlung durchzuführen, die unumgänglich ist, sollten wir jedoch unter normalen Umständen auf eine Bentonitbehandlung in diesem Stadium verzichten; vielmehr kann die Bekämpfung einer beim Wein eingetretenen Trübung später immer noch durchgeführt werden.

Anreichern

Wenn der frischgepreßte Most von der Kelter rinnt, so ist der spannendste Augenblick des Weinjahres erreicht: Wie viele Oechslegrade hat uns nun dieser Herbst gebracht?

Zur Beantwortung dieser Frage wird ein Standzylinder mit möglichst klarem Most (am besten durch ein Tuch sieben) gefüllt und dann die Mostwaage vorsichtig in den Zylinder eingesenkt, bis sie frei schwebt. An der Skala ist das Mostgewicht dann abzulesen (s. Seite 41).

Das Mostgewicht muß unbedingt **vor** Beginn der Gärung gemessen werden. Mit dem Einsetzen der Gärung wird (schwerer) Zucker in (leichten) Alkohol umgewandelt, das Mostgewicht nimmt ab.

Bei der Süßkelterung entstehen keine besonderen Probleme, bei der Maischegärung ist die Messung des Mostgewichtes jedoch etwas schwierig: Man muß sofort nach dem Maischen etwas Saft ablassen bzw. abpressen und **möglichst alle** Trubteile absieben.

Da sich aus dem Mostgewicht nicht der Zuckergehalt unmittelbar errechnen läßt, sondern nur näherungsweise geschätzt werden kann, ist damit auch nicht exakt anzugeben, wieviel Alkohol

---

** Weitere Einzelheiten zur Bentonitschönung s. Seite 105.*

der Wein nach Vergärung des Zuckers haben wird. Die Umrechnungstabelle gibt aber hinreichend genau an, wieviel Alkohol bei vollständiger Vergärung des natürlich vorhandenen Zuckers entstehen würde. Der tatsächlich vorhandene Alkohol wird immer etwas unter diesen Werten liegen, weil ein unvergärbarer Zuckerrest verbleibt.

Umrechnungstabelle

°Oe	Vol.%
41	4
45	5
50	6
56	7
62	8
69	9
76	10
82	11
88	12
94	13

Wird eine Maischegärung durchgeführt, so kann der Unterschied sogar bis zu einem Prozent betragen, weil ein Teil des bei der Gärung entstehenden Alkohols sofort wieder im Tresterhut verdunstet.

Kleine Randbemerkung: Der Alkoholgehalt wird in Deutschland auf zwei Arten angegeben. In Fachbüchern ist die Bezeichnung g/l (Gramm Alkohol je Liter Flüssigkeit) verbreitet, im allgemeinen Sprachgebrauch eher die Bezeichnung Vol.% (Rauminhalt des enthaltenen Alkohols in Prozent vom Rauminhalt der gesamten Flüssigkeit). In diesem Buch wird einheitlich von Vol.% die Rede sein. Dies wird für den Laien auch die verständlichere und anschaulichere Bezeichnung sein. Falls Sie die verschiedenen Bezeichnungen für den Alkoholgehalt umrechnen wollen: 1 g/l entspricht 0,127 Vol.%, 1 Vol.% entspricht 7,9 g/l.

Durch sein Mostgewicht ist ein Wein schon einigermaßen klassifiziert: Aus Trauben mit weniger als 44°Oe (in Baden 50°Oe) darf nach dem Weingesetz kein Wein hergestellt werden. Liegt das Mostgewicht darüber, so entsteht zunächst Tafelwein.

Die Bundesländer haben für Qualitätsweine und Prädikatsweine Untergrenzen festgelegt, die je nach Anbaugebiet und Rebsorte stark differieren. Dem Anhang sind die Mindestmostgewichte zu entnehmen, die für eine bestimmte Qualitätsstufe erreicht sein müssen.

Das hervorragende Weinjahr 1971 brachte das höchste bisher gemessene Mostgewicht: 327°Oe.

Während Weine ab 75–80°Oe naturrein vergoren werden können (der Gesetzgeber hat daher für Prädikatsweine keine Zuckerung erlaubt), muß bei Weinen bis 70–75°Oe entschieden werden, ob und wieviel Zucker vor der Vergärung zugesetzt werden soll. Eine solche Zuckerung **vor** der Vergärung führt nicht zu einem süßeren Wein, sondern zu einem Wein mit mehr Alkohol, weil der Zucker vergärt. Wir reden daher nicht von Zuckerung, sondern von Verbesserung oder noch besser von Anreicherung. Warum wird überhaupt angereichert, da man doch von einem Wein mit weniger Alkohol mehr trinken kann?

Es gibt mehrere Gründe:

Geschmack: Der „Körper“ eines Weines hängt mit vom Alkoholgehalt ab.

Mostgewicht	Alkoholgehalt	Anreicherung
unter 44 °Oe (Baden: 50 °Oe	unter 5 Vol.% bzw. 6 Vol.%	Weinbereitung nicht zugelassen. Für den Eigenbedarf: auf wenigstens 8,5 Vol.% anreichern
44–75 °Oe	5–10 Vol.%	Anreichern im Rahmen der weinrechtlichen Grenzen (siehe Anhang). Für den Eigenbedarf: Tafelwein auf mindestens 8,5 Vol.% QbA – Wein auf mindestens 9 Vol.%
über 75 °Oe	über 10 Vol.%	Nicht anreichern

Ein Wein mit wenig Alkohol schmeckt dünn, fad, nicht nach Wein. Daher sollten wir zumindest soweit anreichern, daß ein Alkoholgehalt von mindestens 9–10 % erreicht wird.

Haltbarkeit: Alkohol hat die Eigenschaft, schädliche Organismen in ihrer Entwicklung zu hemmen oder ganz abzutöten. Alkoholarme Weine sind daher wenig haltbar. Ganz besonders gilt dies für säurearme oder gar entsäuerte Weine, denen dann auch der Schutzschild Säure fehlt.

Das Weingesetz schreibt auch Obergrenzen für die Anreicherung vor, im Anhang ist hierzu eine Tabelle abgedruckt. Auch eine natürliche Grenze ist zu beachten: Die Hefen leben nur so lange, bis sie an dem selbst produzierten Alkohol absterben. Je nach Heferasse kann dies schon bei 12 % sein, keine Heferasse erzeugt mehr als etwa 18 % Alkohol.

Leider gibt es für das richtige Maß der Anreicherung kein Patentrezept, neben Erfahrung und persönlichem Geschmack kann die oben abgedruckte Tabelle Entscheidungshilfe sein. Die Anreicherungstabelle gibt an, wieviel Gramm Zucker zu 10 Liter Stoff gegeben werden müssen, um eine bestimmte Alkoholerhöhung zu erreichen.

Zur Anreicherung wird Rohr- oder Rübenzucker (Saccharose) verwendet, also der ganz gewöhnliche, im Haushalt übliche Zucker. Diese Saccharose ist von sich aus nicht gärfähig, weshalb reines Zuckerwasser auch nicht gärt, selbst wenn Hefe und Nährsalz zugesetzt werden. Das im Wein vorhandene Enzym Saccharase (auch Invertase genannt) sowie die ebenfalls im Wein vorhandene Säure spaltet jedoch die Saccharose in die gärfähigen Zuckerarten Fruktose (Fruchtzucker) und Glukose (Traubenzucker), wie sie in Früchten vorwiegend vorkommen*.

Es ist nur zugelassen, mit Saccharose anzureichern, andere Zuckerarten sind verboten. Dieses Verbot soll schwer nachweisbare Weinverfälschungen verhindern.

---

* *Chemische Formel im Anhang.*

Anreicherung Vol.%	Zuckerzugabe in g/10 l Saft	Wein	Maische
1	195	170	165
2	390	340	330
3	590	515	500
4	795	695	675
5	1005	875	855
6	1215	1055	1040
7	1425	1240	1225

Der Hobbykellerwirt wird schon aus Kostengründen Haushaltszucker verwenden.

Genügend große Gärgefäße verwenden! Durch die Zuckerzugabe erhöht sich das Gesamtvolumen, 1 kg Zucker ergibt 620 cm^3 = 0,62 l mehr Flüssigkeit.

Theoretisch kann die Anreicherung zu jedem Zeitpunkt vorgenommen werden, vom Maischen bis zum Ende der Gärung, als „Umgärung" auch noch später. Das Weingesetz läßt allerdings je Wein nur eine Anreicherung zu und legt als letzten Termin den der Lese folgenden 15. März fest.

Der günstigste Zeitpunkt ist bei den Weißweinen der Zeitpunkt nach dem Vorklären, weil bei dem dann ohnehin notwendigen Ablassen eine gute Vermischung von Zucker und Most erreicht wird.

Bei Rotweinen – Maischegärung – bietet sich der Zeitpunkt des Abpressens an, weil dann der Alkoholverlust durch Verdunsten aus dem Tresterhut entfällt. Wer sich an diese Ratschläge hält, wird in der Anreicherungstabelle also nur die Spalte Saft benötigen; der Vollständigkeit wegen sind auch die Werte für eine Anreicherung des Weines und der Maische abgedruckt.

In allen Fällen der Anreicherung wird der Zucker zuerst in einem kleinen Teil des Weines gelöst und dann dem restlichen Wein zugegeben. Falls sehr stark angereichert werden soll (ab 4 bis 5 %), sollte die Anreicherung in mehreren Stufen erfolgen, so daß sich die Hefen jeweils etwa einen Tag an den jeweils höheren Zuckergehalt gewöhnen.

Von den im Einzelhandel erhältlichen Zuckerformen können zur Anreicherung verwendet werden:

- Raffinade, EWG-Qualität 1: teuerster Haushaltszucker
- Weißzucker, EWG-Qualität 2: billige Grundsorte, genügt vollkommen
- Einmachzucker: grobkörnig, schäumt wenig, gut geeignet

Vorsicht: Verwechseln Sie den Einmachzucker nicht mit Gelierzucker; letzterer enthält Säuren sowie Enzyme (Pektine), die für das Gelieren bei Marmeladen und Gelees sorgen, was bei der Weinbereitung gänzlich unerwünscht ist.

Neben der Zugabe von **Zucker** zum Most – der **Trocken**zuckerung – gibt es auch noch die „**Naß**zuckerung". Dabei wird der Zucker zunächst in **Wasser** aufgelöst und dann dem Most zugegeben. Dadurch wird nicht nur der Zukkergehalt erhöht, sondern auch die Weinmenge durch das zugegebene Wasser vergrößert, also der Wein verdünnt. Damit verringert sich zwangsläufig der Säuregehalt. Aber auch alle anderen Weinbestandteile liegen nur noch in geringerer Konzentration vor. Die Naßzuckerung ist daher weinrechtlich seit 1979 bei Traubenweinen nicht mehr erlaubt, auch der Hausweinbereiter sollte bei Traubenweinen die Kalkentsäuerung und anschließende Trokkenzuckerung vorziehen. Bei Fruchtweinen allerdings ist eine Kalkentsäuerung kaum möglich, die Naßzuckerung also der einzige Weg, um den Säuregehalt zu verringern.

Einzelheiten zur Naßzuckerung können dem Kapitel „Fruchtweine" entnommen werden, die Berechnung von Wasser- und Zuckerzusatz erfolgt für Traubenweine nach denselben Regeln.

Verschneiden

In Deutschland wird das Verschneiden von Weinen – das Mischen von verschiedenen Weinen – meist in die Nähe des Panschens gebracht oder ihm gar gleichgestellt. Dabei sind fast alle in den Handel gebrachten Weine streng genommen Verschnitte: Bis 15% dürfen nach dem Weingesetz andere als auf dem Etikett genannte Weine beigemischt werden. Im Ausland stellt man sich zu dieser Frage weit weniger problematisch: Einige der größten französischen und italienischen Weine sind Verschnittweine, es gilt dort im Gegenteil als besondere Kunst, durch gelungenes Verschneiden Wein zu erzeugen, der besser ist als die Weine, die sich aus den jeweiligen Bestandteilen hätten entwickeln können.

Gerade der Hobbykellerwirt sollte sich – an Deklarationspflichten nicht gebunden – an Verschnitte wagen und sich so andere Eingriffe ersparen.

Ein Beispiel zur Verdeutlichung: Der Silvaner reift in Deutschland zumeist aus, aber gibt oft ausdruckslose Weine, während der Riesling häufig nicht ausreift und ohne massiven Einsatz von Kalk und Zucker nicht zu einem ansprechenden Wein hochgepäppelt werden kann. Anstatt nun je nach den Verhältnissen des einzelnen Jahrganges trinkbare Verschnitte zu versuchen, werden Unmengen von mehr oder weniger ansprechenden Neuzüchtungen geschaffen, die aber ebenso nur unter bestimmten Verhältnissen befriedigende Ergebnisse bringen.

Das Weinrecht enthält für verkehrsfähige Weine viele Verbote und Einschränkungen, die vor allem Verfälschungen verhindern sollen. Der Hobbykellerwirt muß sich zwar nicht an diese Verbote halten, doch sollten die zu verschneidenden Weine wenigstens aus demselben Anbaugebiet im Sinne des Weingesetzes stammen.

Wichtig ist natürlich, daß man sich im voraus ein Bild machen kann, welche Kennzahlen (Säure, Oechsle) der Verschnitt haben wird.

Leider muß ich Ihnen dazu etwas verzwickte Rechenoperationen zumuten. Aber keine Angst, es wird nicht so schlimm!

Bei der **Verschnittberechnung** sind zwei Fragestellungen von Interesse:

1. In welchem Verhältnis muß ich mischen, um ein bestimmtes Ergebnis zu erzielen? Diese Berechnung ist am einfachsten mit der „Kreuzformel" zu bewerkstelligen:

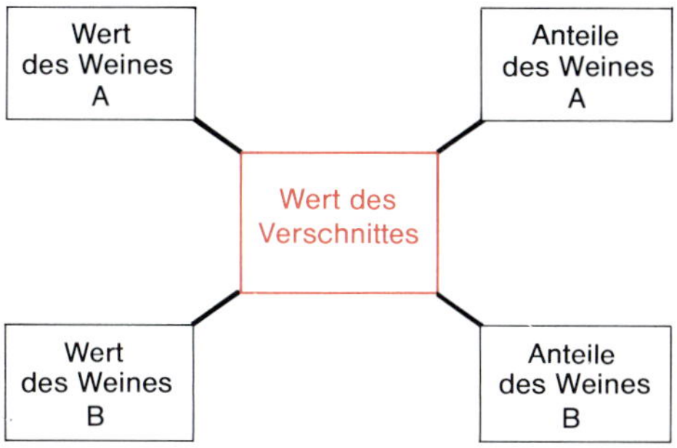

„Wert" wird bei Mosten entweder der Säuregehalt oder das Mostgewicht, bei Weinen auch der Alkoholgehalt oder der Restzucker sein.

2. Welches Ergebnis erhalte ich, wenn ich zwei Weine bestimmter Menge mische?
   Der Durchschnittswert ist dann das „gewogene arithmetische Mittel".

Zur Verdeutlichung ein Beispiel:
Ein Riesling (60°Oe, 15‰ Säure) und ein Silvaner (72°Oe, 6‰ Säure) sollten so gemischt werden, daß 90 l Verschnitt mit einem Säuregehalt von 9‰ entstehen.
Nach der Kreuzformel entsteht:

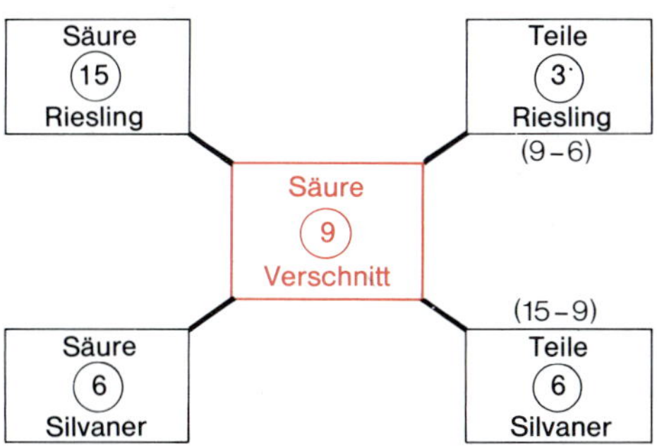

Wenn also 6 l vom Silvaner und 3 l vom Riesling gemischt werden, so wird der Verschnitt den gewünschten Säuregehalt von 9‰ haben. Für die Menge von 90 l wird also jeweils das 90/9 = 10fache verwendet werden, also 60 l (6 × 10) Silvaner und 30 l (3 × 10) Riesling.
Das Mostgewicht des Verschnittes errechnet sich als gewogenes arithmetisches Mittel:

Silvaner	60 l × 72°Oe = 4320
Riesling	30 l × 60°Oe = 1800
Gesamt	90 l × 68°Oe = 6120

Das Ergebnis (68°Oe) ergibt sich aus 6120 : 90.
Das Rechnen mit der Kreuzformel erübrigt sich natürlich, wenn zwei von vornherein feststehende Mengen verschnitten werden, etwa 40 l unseres Silvaners und 60 l unseres Rieslings. Dann ist das Mostgewicht:

Silvaner	40 l × 72 °Oe = 2880
Riesling	60 l × 60 °Oe = 3600
Gesamt	100 l × 64,8°Oe = 6480

und die Säure:

Silvaner	40 l × 6 ‰ = 240
Riesling	60 l × 15 ‰ = 900
Gesamt	100 l × 11,4 ‰ = 1140

Der Verschnitt aus den Mosten wird gerundet 65°Oe und 11,5‰ Säure haben.

Mostbehandlungen außerhalb des Weingesetzes

Säurezugabe

Ein Säuregehalt von weniger als 4‰ bedeutet, daß der Wein weder geschmacklich überzeugt noch sehr halt-

bar ist. Ein so geringer Säuregehalt wird bei deutschen Weinen selten sein, das Weingesetz sieht daher eine Erhöhung des Säuregehaltes nicht vor.
Bei Fruchtweinen und bei Traubenweinen aus südlichen Ländern kann allerdings ein so geringer Säuregehalt vorkommen. Dann wird Milchsäure zugegeben. Diese wird flüssig in verschiedensten Konzentrationen angeboten, am gebräuchlichsten ist die 80%ige. 15 g je 10 l Most oder Wein erhöhen die Säure um 1‰, gemessen in Weinsäure.
Häufig wird empfohlen, zur Säureerhöhung Zitronensäure zu verwenden. Davor muß abgeraten werden: Zitronensäure ist nicht chemisch stabil. Eine Erhöhung der Säure auf diesem Weg wird im Laufe der Zeit wieder abgebaut.

Gipsen, Phosphatieren

Wenn Gips (Kalziumsulfat) oder Kalziumphosphat dem Most beigegeben wird (15–30 g je 10 l), so wird die Ausfällung von Weinstein verhindert, die Säure bleibt also erhalten. Außerdem wirken sich beide positiv aus auf Farbe und Selbstklärung der Weine.
Beide Verfahren sind nach dem Weingesetz nicht zugelassen.

Konzentrierung

Wenn Most eingekocht wird – also Wasser verdampft – geht das Gesamtvolumen zurück. Zucker, Säuren und Extraktstoffe verdampfen jedoch nicht. Damit steigen Mostgewicht und Säuregehalt entsprechend an.
Theoretisch kann also auf diesem Weg aus einem seichten Saft durchaus ein Wein erzeugt werden, der nach den Analysewerten Prädikatsweinen entspricht. Das Weingesetz hat daher die Konzentrierung verboten.
In anderen Ländern ist die Alkoholanreicherung teilweise nur erlaubt durch Zusatz von Mostkonzentrat, nicht dagegen durch Zucker wie bei uns.
Deutscher Tafelwein darf durch Konzentrat bedingt angereichert werden.
Die Mostkonzentrierung ist nicht nur ein geradezu typisches Mittel der Weinverfälschung, es ist zudem auch nicht möglich, mit haushaltsmäßigen Mitteln die Konzentrierung so durchzuführen, daß keine Aromastoffe verloren gehen.

Vom Most zum Wein

Gärführung

Der Most hat jetzt, soweit möglich, die gewünschten Säure- und Zuckerwerte, die Gärhefe vermehrt sich (hoffentlich) rapide. Das Gärgefäß wird jetzt mit einem Gärverschluß versehen. Durch die Gärung entsteht CO_2, das sich als schützende Schicht über den Most legt und, wenn ein leichter Überdruck aufgebaut ist, durch den Gärverschluß entweicht.

Weinlese
Auf dem Bild oben vom Rheingau mit Schloß Johannisberg werden die Trauben noch im Weinberg gemahlen und die Maische dann zur Kelter transportiert. Links unten schneiden zahlreiche Helfer die Trauben von den Stökken. In steilen Lagen (rechts unten) kann man auch heute noch die Butträger sehen.

Man wird feststellen, daß die Gasblasen zunächst immer häufiger werden, nach 5–10 Tagen wird das Maximum erreicht sein, dann klingt die Gärung wieder ab.
Der Gärverschluß ist jetzt mit Wasser gefüllt. Wenn gelegentlich empfohlen wird, man solle SO_2-Lösung oder Schnaps einfüllen, so geht diese Empfehlung davon aus, daß SO_2 oder Schnaps durch ihre keimtötende Wirkung das Eindringen schädlicher Organismen in das Faß verhindern sollen. Im Faß besteht aber Überdruck, CO_2 dringt heraus. Eindringen kann gar nichts (es sei denn, Sie zapfen ab), trinken Sie also den Schnaps lieber und stoßen Sie auf das zu erwartende Ergebnis der Gärung an.
Die Gärung läßt sich recht genau kontrollieren: Alle zwei bis drei Tage wird das Mostgewicht gemessen. Achtung: Gärender Most enthält CO_2, wird der Most vor der Messung nicht geschüttelt, so haften CO_2-Bläschen an der Mostwaage und täuschen ein erhöhtes Mostgewicht vor.
Das Mostgewicht wird sich in etwa der abgebildeten Gärkurve S. 78 entsprechend verringern. Jedes fehlende Oechslegrad bedeutet, daß weiterer Zucker in Alkohol umgewandelt worden ist – 1 °Oe entspricht rund 1 g/l Alkohol, also 8 °Oe einem Prozent Alkohol. Geben Sie die entnommene Probe ins Gärgefäß zurück oder trinken Sie den milchigen Saft, der je nach Gegend Federweißer, Sauser, Rauscher oder schlicht Neuer Wein genannt wird. Dieses Getränk gilt als Spezialität, es enthält viele Vitamine, auch die Hefe, die die Trübung verursacht, gilt als sehr gesundheitsfördernd. Trinken Sie aber nicht zuviel davon: Erstens könnte die ganze Herrlichkeit getrunken sein, bevor überhaupt Wein daraus geworden ist, und zweitens hat es das Getränk in sich. Zucker und Kohlensäure sind reichlich enthalten, und so läßt man sich verleiten, den Federweißen wie Limonade zu trinken – mit entsprechenden Folgen am Tag danach.
Während dieser Zeit der Hauptgärung muß versucht werden, solche Bedingungen zu schaffen, unter denen die Gärung den erwünschten Verlauf nimmt. Die Gärung wird gesteuert, geführt.

Maische- und Mostherstellung
In einer Mosterei – hier in Tübingen – werden für wenige Mark Äpfel gewaschen, gemahlen und gepreßt (oben rechts). Mühlen (links oben) und Pressen (unten) älterer Bauart kann man in Süddeutschland oft günstig erwerben.

Gärführung

Beschleunigung der Gärung
- Hefen zusetzen
- Trub zusetzen (wenn zu sehr vorgeklärt wurde)
- Nährsalze zusetzen (wenn Wasser zugesetzt wurde)
- Hefen aufrühren
- Temperaturerhöhung (nicht über 25 °C)

Hemmung der Gärung
- Temperatursenkung
- Entfernung von Hefen und Trubteilen durch Klärung

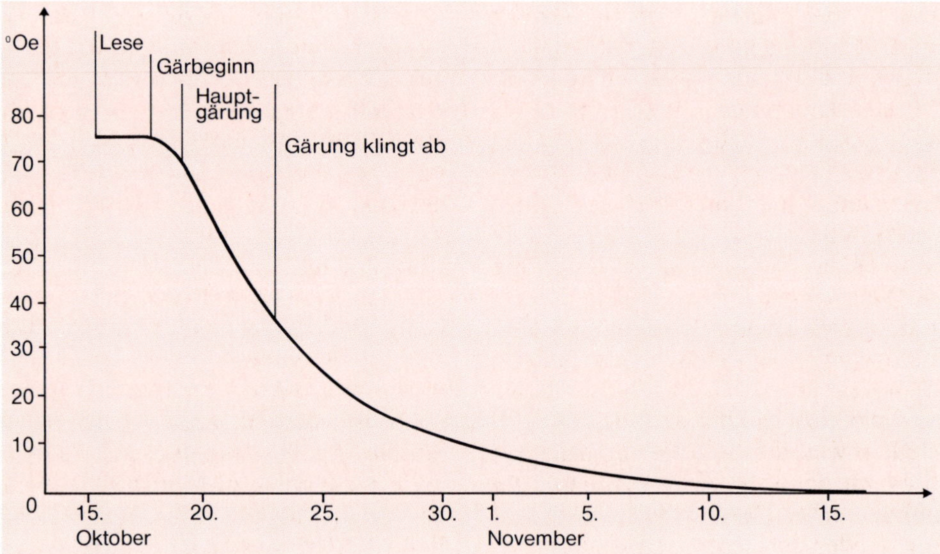

Gärkurve eines Adolzfurter Schneckenhof Riesling 1979

Die Gärung ist beendet, wenn die CO_2-Entwicklung aufgehört hat.

Diese Gärführung war vor einigen Jahren ein heiß umkämpftes Thema unter Weinfachleuten. Mittlerweile ist hier einiges einfacher geworden. Das „Abstoppen" der Gärung vor Vergärung des gesamten Zuckers mit Hilfe von Schwefel ist kein Thema mehr. Schwefel ist zur Gärführung ungeeignet, weil die Gärung zwar verzögert wird, nach (unvermeidlichem) Einsetzen der Gärung jedoch bindet sich der Schwefel sofort mit dem Gär-Nebenprodukt Azetaldehyd. Dies führt zu starkem Anstieg der gebundenen schwefligen Säure, ohne daß der Schwefel seine positive Wirkung überhaupt entfalten konnte – es entsteht ein „Kopfwehwein". Selbst die verhältnismäßig sanfte Drucktankgärung wird kaum mehr zur Abstoppung der Gärung, sondern nur zur Verzögerung verwendet. Restsüße wird heute allgemein über eine völlige Vergärung und anschließendem Zusatz von Süßreserve aufgebaut.

Grundsätzlich ist heute das Ziel der Gärführung eine zügige Vergärung des vorhandenen Zuckers, nur so ist ein optimaler Wein gewährleistet. Dabei kommt der Temperatur des Mostes bei Beginn der Gärung größte Bedeutung zu. Für Weißweine gilt 20°C als Höchstmaß, für Rotweine höchstens 25°C (die Gärung muß bei Maischegärung schneller vor sich gehen, weil wegen der Infektionsgefahr so schnell wie möglich abgepreßt werden sollte) als die richtige Gärtemperatur.

Da bei der Gärung Wärme erzeugt wird, erwärmt sich der Wein auch, und zwar um so mehr, je größer das Gärge-

faß ist. Bei haushaltsüblichen Größen wird diese Temperaturerhöhung aber nur wenige °C betragen. Die Temperatur des Gärraumes soll daher bei Weißwein gut 15, bei Rotwein gut 20 °C betragen, so wird im Laufe der Gärung die optimale Temperatur sich einstellen. Keinesfalls darf die Temperatur des Weines im Verlauf der Gärung über 30 °C ansteigen.
Bei Mosten ab 90–100 °Oe ist weiter zu bedenken, daß Hefen bei höheren Temperaturen schon bei einem geringeren Alkoholgehalt ihre Tätigkeit einstellen, weil die Giftwirkung des Alkohols mit der Temperatur zunimmt. Bei abklingender Gärung daher Temperatur wieder absenken, etwa durch Öffnen der Fenster bei Nacht!

Abstich

Bei ausklingender Gärung beginnt die Hefe sich langsam abzusetzen, die Trübung des Weines läßt erkennbar nach. Sich selbst überlassen, wird sich der Wein weitgehend klären, die Hefe sich am Boden des Fasses ablagern. Im Laufe der Zeit wird die Hefe aber sich zersetzen, den Wein erneut eintrüben und ihn geschmacklich beeinträchtigen. Jedenfalls wird ein Wein, der auf der Hefe liegt, den folgenden Sommer mit der unvermeidlichen Erwärmung des Kellers kaum unbeschadet überstehen. Es ist daher unbedingt notwendig, den Wein von der abgelagerten Hefe zu trennen durch einen Abstich, durch Umfüllen des Weines in ein anderes Faß, so daß die Hefe in einem Faß zurückbleibt, der Wein ins andere Faß kommt. Der richtige Zeitpunkt für den ersten Abstich kann innerhalb weiter Grenzen liegen: schon eine Woche, aber auch erst drei Monate nach Abschluß der Gärung. Leider gibt es keine eindeutige Regel, wann genau der Abstich zu erfolgen hat. Der Grad der Klärung des Weines ist als Maßstab nicht geeignet, im Gegenteil: Ein schlecht klärender Wein muß erst recht nach Abschluß der Gärung bald abgestochen werden. Schlecht klärende Weine müssen nämlich einerseits als erhöht krankheitsgefährdet betrachtet werden, was von vorneherein einen frühen Abstich erforderlich macht. Andererseits ist häufig zu beobachten, daß die Klärung **nach** einem Abstich überraschend schnell vor sich geht. Das dürfte daran liegen, daß beim Abstich ja gewissermaßen das Unterste zuoberst gekehrt wird. Dadurch werden chemische und physikalische Prozesse ausgelöst, die dann zur Klärung führen.
Heute wird der erste Abstich aus diesen Gründen recht bald, ein bis vier Wochen nach Ende der Gärung, durchgeführt. Das gilt besonders für säurearme Weine und für Weine, die aus weniger gesunden, womöglich schon faulen Trauben gekeltert wurden.
Ein später Abstich, nach zwei bis drei Monaten, ist nur dann angezeigt, wenn ein biologischer Säureabbau (siehe S. 87) angestrebt wird, also bei säurereichen Weinen.
Aus den genannten Überlegungen läßt sich so wenigstens eine Regel für den ersten Abstich ableiten:

Ein Wein ist um so früher abzustechen, je weniger Säure er hat, säurereicher Wein kann dagegen etwas länger auf der Hefe bleiben!

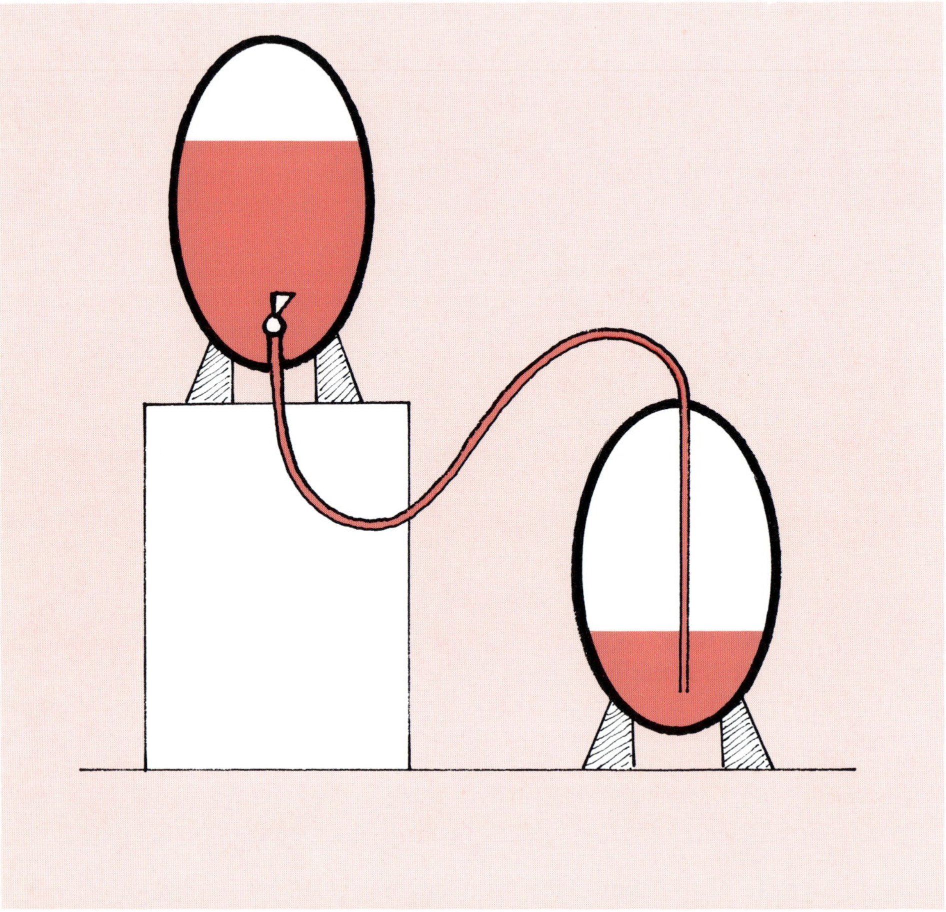

Das Faß links oben wird abgefüllt in das Faß rechts unten. Am Hähnchen des zu entleerenden Fasses wird ein Schlauch angeschlossen. Der Wein fließt selbständig von einem Faß in das andere.

Der Abstich beginnt damit, daß 0,5–1 g KD je 10 l in einem Teil des Jungweines (5 %) aufgelöst werden. Dieser stark geschwefelte Wein wird als erster in das neu zu befüllende Faß gegeben. Der nun folgende eigentliche Abstich sollte nach heutiger Erkenntnis unter weitgehendstem Luftabschluß erfolgen. Es kann zwar nicht bestritten werden, daß in Einzelfällen durch einen Abstich un-

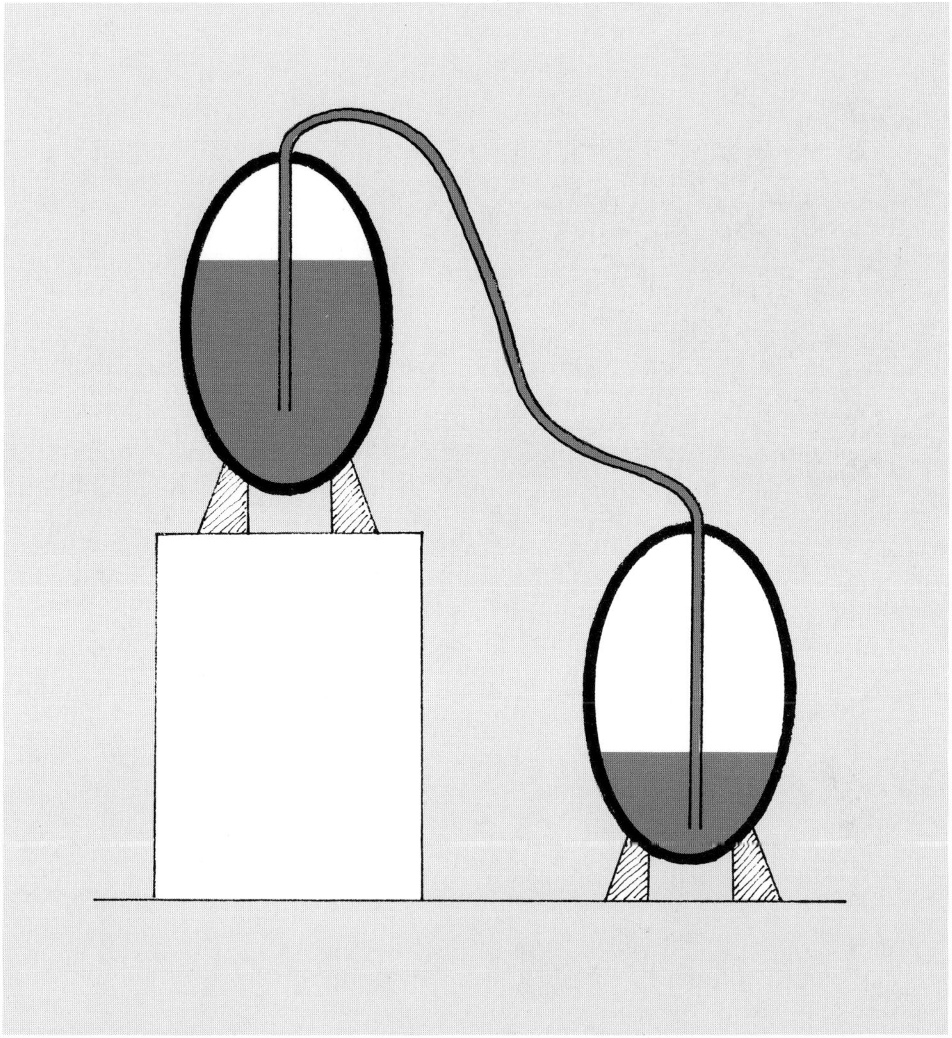

Auch hier steht das zu entleerende Faß höher als das zu befüllende. Hier wurde jedoch der Schlauch nicht am Hähnchen angeschlossen, sondern durch das Spundloch in das Faß eingeführt. Man saugt nun solange am Schlauch, bis Wein kommt. Dann wird der Schlauch schnell in das zu befüllende Faß eingelassen. Solange beide Schlauchenden unter dem Flüssigkeitsstand des zu leerenden Behälters gehalten werden, fließt der Wein selbständig von einem Faß in das andere. Man übe aber nicht so lange, daß man den eigentlichen Abstich nicht mehr nüchtern erlebt!

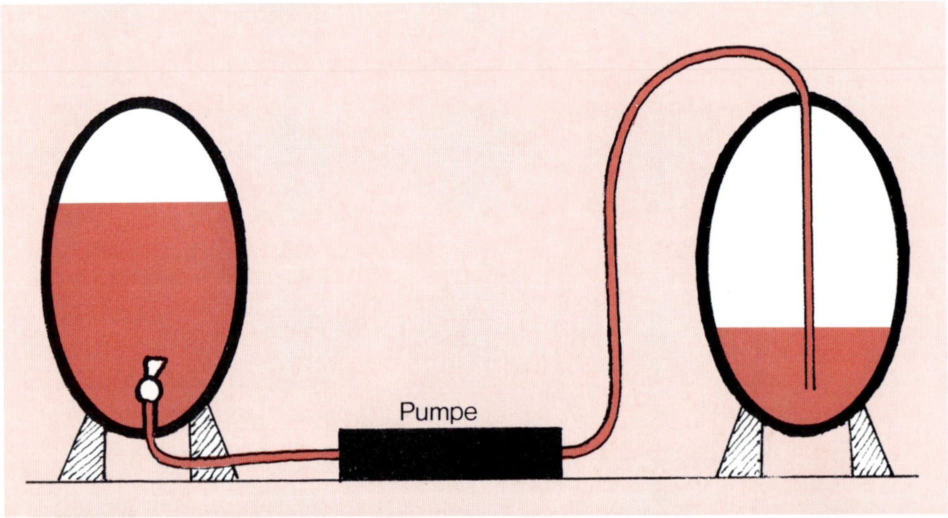

Auch hier stehen beide Fässer auf gleicher Höhe. Der Schlauch wird am Hähnchen angeschlossen. Durch das Spundloch wird mit einem Blasebalg Luft eingepumpt, so daß ein Überdruck entsteht. So wird der Wein von einem Faß in das andere gedrückt. Diese Methode ist besonders schonend.

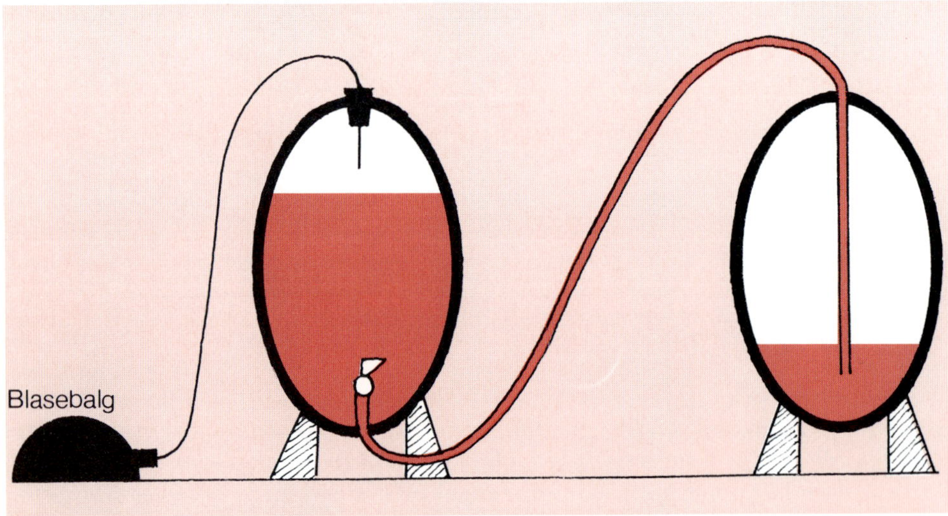

Beide Fässer stehen auf gleicher Höhe. Zum Umfüllen ist eine Pumpe notwendig. Der Schlauch wird entweder am Hähnchen angeschlossen oder durch das Spundloch eingeführt.

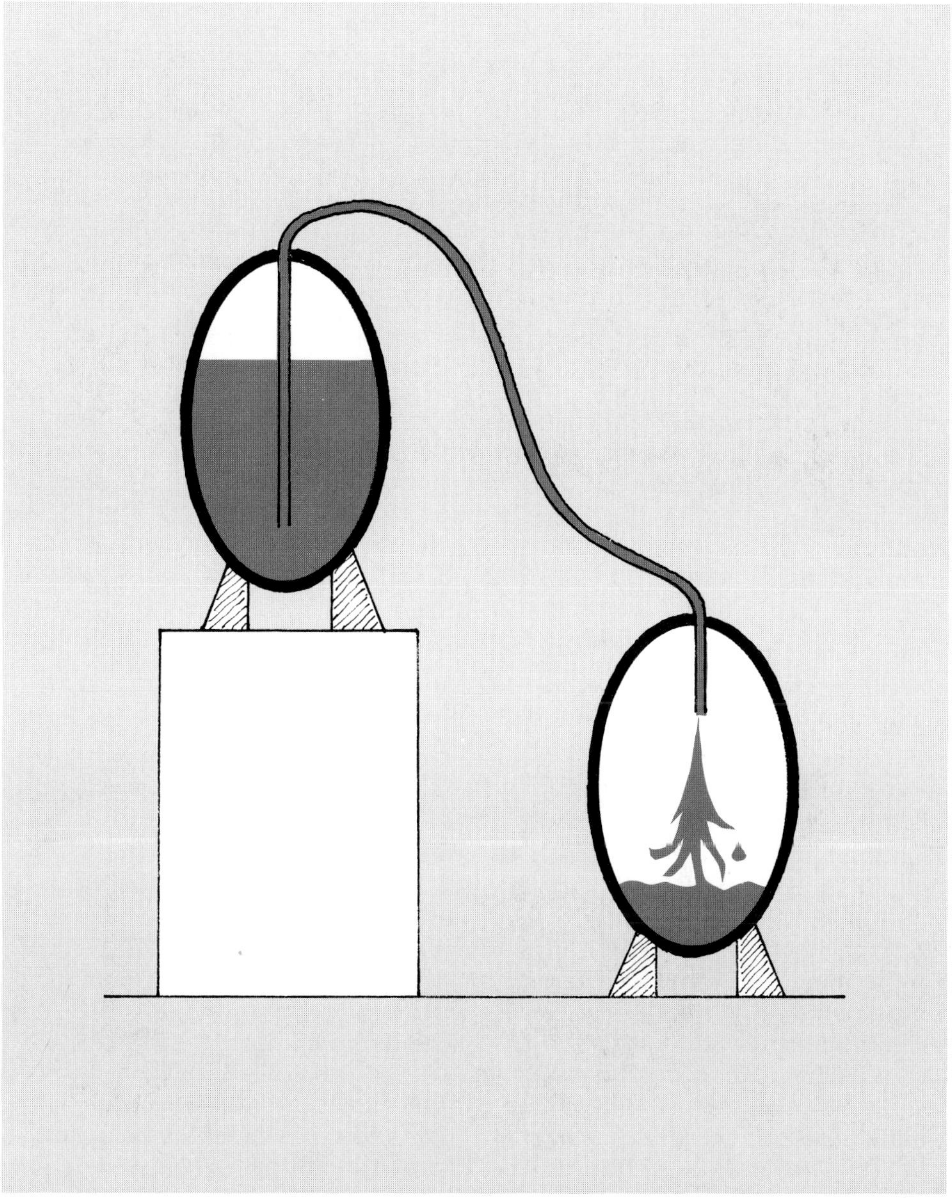

Hier reicht der Schlauch im zu befüllenden Faß nur bis knapp in das Spundloch. Der Wein fließt mit vollem Strahl in das Faß und nimmt so beträchtlich Luft auf.

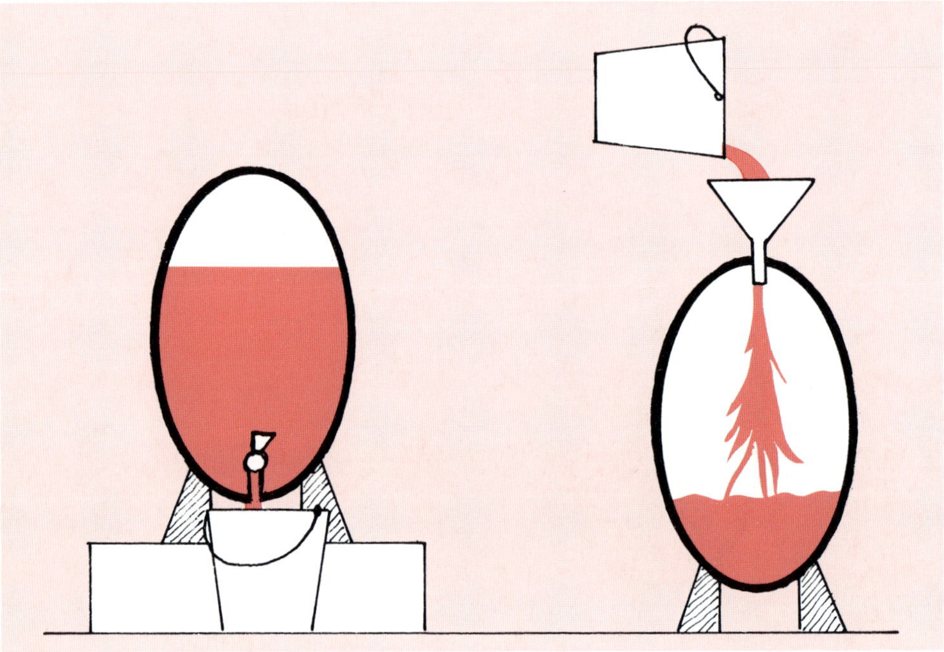

Wird der Wein zunächst in einen Eimer gefüllt und dieser dann in das zu befüllende Faß entleert, so wird noch mehr Luft aufgenommen. Ein Abstich unter Luft ist die Ausnahme!

ter Belüftung eine Verbesserung zu erreichen ist, die Risiken sind jedoch so groß, daß – außer in Fällen der Krankheitsbekämpfung – dies nicht empfohlen werden kann.

Vor Beginn eines Abstiches unter Belüftung sollte in jedem Fall der Keller gut gelüftet werden, da sonst der Wein unangenehme Gerüche annehmen kann. Bei Abstichen unter Luftabschluß ist dies nicht ganz so wichtig, aber durchaus auch zu empfehlen, besonders, wenn stark riechende Dinge im selben Keller aufbewahrt werden, Sauerkraut etwa.

Die Durchführung des Abstiches ist in den Schaubildern Seite 80–84 verdeutlicht. Am einfachsten arbeiten Sie natürlich dann, wenn das abzulassende Faß höher als das Spundloch des zu befüllenden steht. Behälter von 60 l können noch von einem Mann hochgehoben werden, dann aber das Faß einige Tage vor dem Abstich hochheben, damit der beim Bewegen aufgewirbelte Trub sich wieder setzen kann.

Beim Abstich soll einerseits möglichst kein Trub mit übergehen, andererseits soviel klarer Wein wie möglich umgefüllt werden. Dies wird am leichtesten dann erreicht, wenn der Wein beim Abstich am Hahn abgelassen wird. Der

Schlauch sollte daher immer so gewählt werden, daß der Innendurchmesser des Schlauches zum Außendurchmesser des Hähnchens paßt. Glasballons haben im allgemeinen keinen Anstich unten, dann muß wie auf S. 81 skizziert vorgegangen werden. Von einigen Firmen werden auch sogenannte Weinheber angeboten. Sie erleichtern den Abstich bei solchen Glasballons, es geht aber mit etwas Geschick auch ohne ein solches Gerät. Wichtig ist, daß der Schlauch im zu entleerenden Behälter nie ganz bis zum Boden reichen darf, weil sonst Trub mit angesaugt wird. Der verbleibende Hefetrub belastet die Kläranlagen beträchtlich, er sollte daher nie in das Abwassernetz eingeleitet werden. Wenn der Hefetrub filtriert wird, so wird einerseits dadurch Wein gewonnen, der entweder mit dem übrigen Wein zusammen weiterverarbeitet werden oder sofort getrunken werden kann. Die verbleibenden Festbestandteile andererseits können über den Komposthaufen in den Naturkreislauf zurückgeführt werden.

Nach dem Abstich wird das Faß wieder mit dem Gärspund verschlossen. Das Wasser sollte erneuert werden, eine Prise KD und eine minimale Prise Zitronensäure im Wasser hält das Wasser gesund.

Zeit der Ruhe: Ausbau

Mit dem ersten Abstich endet die Phase der erkennbaren Gärung, es beginnt die Zeit des Ausbaus. Jetzt reift der noch rauhe, unfertige Jungwein, er wird im Laufe der Monate schließlich so weit in seiner Entwicklung fortgeschritten sein, daß er abgefüllt werden kann. Was genau bei dem Reifen eines Weines geschieht, ist noch nicht mit letzter Sicherheit geklärt. Sicher ist aber:

- beim Abstich im Wein verbliebene Hefezellen sorgen dafür, daß noch weiter geringe Mengen Zucker vergoren werden
- Weinbestandteile oxidieren und es bilden sich Ester, dies beeinflußt Geruch und Geschmack des Weines
- Trubteile werden ausgeschieden, der Wein klärt sich weiter
- es bildet sich Weinstein, die Säure nimmt ab.

In dieser Zeit ist die Hauptaufgabe des Kellerwirtes, den Wein in Ruhe zu lassen. Jedoch ist eine ständige Kontrolle notwendig, um jetzt sich einstellende unerwünschte Veränderungen frühzeitig erkennen zu können.

Eine genaue Regel, wie oft der Wein jetzt kontrolliert werden soll, läßt sich nicht aufstellen. Im Normalfall wird eine etwa zweiwöchentliche Kontrolle genügen. Zur Prüfung wird ein Probierglas (5 cl) abgezapft und auf Klarheit, Farbe, Geruch und Geschmack hin geprüft. Werden nachteilige Veränderungen erkennbar, so wird notfalls alle 2 bis 3 Tage kontrolliert, es ist das Kapitel „Mängel, Fehler, Krankheiten" zu Rate zu ziehen und es sind die dort beschriebenen Maßnahmen zu ergreifen.

Neben der oben beschriebenen Sinnenprobe sollte auch gelegentlich, anfangs alle sechs Wochen, später öfters, mit Hilfe einer chemischen Analyse geprüft werden, ob der Wein hinreichend schwefelstabil ist:

Wie auf Seite 38 beschrieben, wird der Gehalt an freier schwefliger Säure geprüft. Sinkt diese unter 20 mg/l, so ist maßvoll nachzuschwefeln. 0,5 g KD je 10 l Wein erhöhen den Schwefelgehalt um 25 mg je l.

Die **Rahnprobe** gibt ebenfalls Aufschluß über den Schwefelbedarf: Ein Probierglas Wein wird an der Luft stehen gelassen. Bei ungenügender Sauerstoffstabilität verfärbt sich der Wein von oben her ins Bräunliche, in diesem Fall wird nachgeschwefelt mit 0,5 g KD.

Spundvoll halten

An der Oberfläche eines Weines in einem nur teilweise gefüllten Faß ergeben sich für Kleinstlebewesen allerbeste Bedingungen – vor allem, wenn genügend Sauerstoff vorhanden ist. Auch eine Oxidation der Weinbestandteile ergibt sich dann als unausweichliche Folge; im Kapitel Mängel, Fehler und Krankheiten finden Sie die möglichen Folgen beschrieben. Zudem kann der in den Luftraum des Fasses verdunstende Alkohol Kunststoffässer angreifen, die dabei entstehenden Stoffe können den Wein beeinträchtigen. Ein gärender Wein ist gegen solche Vorgänge geschützt, das bei der Gärung entstehende CO_2 ist schwerer als Luft und lagert über dem Wein, der Gärspund sorgt zusätzlich für eine Abtrennung der Luft.

Nach dem 1. Abstich geht dieser Schutz verloren, über dem Wein lagert jetzt die sauerstoffhaltige Luft. Es wird daher versucht, in die Grenzschicht Wein – Luft Stickstoff oder CO_2 einzuleiten, also eine sauerstoff- und keimfreie Schicht herzustellen. Diese Versuche haben noch nicht zu voll befriedigenden Ergebnissen geführt, das Verfahren ist auch für Hobbykellerwirte kaum anwendbar.

Will man die schädlichen Auswirkungen, die von der Grenzschicht Wein/Luft ausgehen, so klein wie möglich halten, wird man dafür sorgen, daß diese Schicht so klein wie möglich bleibt – und die unterste Grenze ist die Größe des Spundloches. Wird der Wein immer so weit aufgefüllt, daß er im Spundloch steht, also spundvoll gehalten, so ist er bestmöglich gegen Infektionen und Oxidation geschützt. Das klingt einfacher, als es in der Praxis ist.

Da im Gärgefäß Gärraum über dem Wein frei bleiben muß und zudem bei Gärung und Abstich ein Schwund eintritt, wird man nach der Gärung den Wein in entsprechend kleinere Fässer umfüllen. Aber auch wenn wir dadurch zunächst spundvolle Fässer erhalten, wir werden häufig nachfüllen müssen:

- manche Fässer (Weithalsfässer besonders) sind durch die Bauart bedingt nicht spundvoll zu halten
- bei Holzfässern verdunstet Wein durch die Faßwand
- durch Temperaturschwankungen ändert der Wein sein Volumen.*

In größeren Betrieben werden diese Probleme dadurch gelöst, daß einfach mit demselben Wein aus einem anderen Faß aufgefüllt wird. Dem Hobbykellerwirt wird aber kaum anderer Wein zur Verfügung stehen. Man wird dann notgedrungen mit Wasser auffüllen müssen.

Auf recht elegante Weise läßt sich das Spundvollhalten dadurch regeln, daß

---

* *10°C Temperaturerhöhung bewirken, daß ursprünglich 10 l Wein sich um 30 cm³ ausdehnen.*

nicht der Wein aufgefüllt wird, sondern daß das Volumen des Fasses vermindert wird: es werden so viele Glasmurmeln in das Faß gegeben, bis der Spiegel des Weines genügend angestiegen ist. Außer Glasmurmeln können auch andere Gegenstände verwendet werden wie etwa sauber gereinigte Kieselsteine. Es muß dann aber darauf geachtet werden, daß eine säurestabile Gesteinsart verwendet wird, also kein Kalkstein oder Sandstein, besser Granit.

Nicht spundvoll gehalten werden solche Fruchtweine, bei denen eine Sherrysierung angestrebt wird, etwa Hagebuttenweine, Stachelbeerweine, Honigweine.

Biologischer Säureabbau

Jetzt wird es auch mehr oder weniger zu einem biologischen Säureabbau kommen, der auch unter der Bezeichnung Milchsäuregärung bekannt ist. Dabei bewirken Bakterien (daher „biologisch“ im Gegensatz zur rein chemischen Weinsteinbildung), daß Apfelsäure in Milchsäure und Kohlendioxid aufgespalten wird*.

Zur Gesamtsäure, gemessen in Weinsäure, trägt die so entstandene Milchsäure nur noch halb so viel bei wie die Apfelsäure, aus der sie entstanden ist.

Mit Hilfe der Milchsäuregärung ist also der durch Kalkentsäuerung nicht angreifbare Apfelsäureanteil zu packen. So einfach dies auf den ersten Blick erscheint, es ergeben sich doch eine Anzahl Probleme:

- der Säureabbau läßt sich nicht gezielt durchführen
- gerade säurereiche Weine sind schwer zu einem Säureabbau zu bringen
- es entstehen unkontrollierbar Nebenprodukte, u. a. Amine (= Kopfweherzeuger)
- Rotweine verlieren an Farbe
- Bukett kann abgebaut werden.

Der biologische Säureabbau wird angesichts dieser Gefahren heute sehr zurückhaltend angewandt, eine gezielte Kalkentsäuerung **vor Gärbeginn** erscheint jedenfalls sicherer. Dennoch gelangt man bei Trollinger, Silvaner, Portugieser und bei Burgundern aller Art gelegentlich durch biologischen Säureabbau zu guten Ergebnissen.

Die Säuregärung kann nicht durch Reinzuchtbakterien (etwa der Reinzuchthefe vergleichbar) in Gang gesetzt werden, sondern nur durch entsprechende Maßnahmen gefördert oder gehemmt werden, allerdings nur in engen Grenzen.

Förderung:
- erst spät abstechen
- Hefe umrühren
- Temperatur erhöhen
- nicht schwefeln
- Kalkentsäuerung

Hemmung:
- früh abstechen, eventuell filtrieren
- kühlen
- sofort nach Ende der Gärung schwefeln

Wichtig ist, daß eine beginnende Milchsäuregärung richtig erkannt wird. Wegen der Kohlensäureentwicklung besteht die Gefahr einer Verwechslung

---
* *chemische Gleichung im Anhang*

mit einer Vergärung etwa noch vorhandenen Zuckers. In diesem Fall würde man zu gärfördernden Maßnahmen greifen (siehe Abschnitt Gärführung) und damit unbewußt die Milchsäuregärung noch verstärken. Daher bei einer erneuten CO_2-Entwicklung (erkennbar am Gärspund) sofort Mostgewicht feststellen. Bei einem Mostgewicht über 0 °Oe kann angenommen werden, daß unvergorener Zucker vorhanden ist; etwas sicherer läßt sich ein Zuckergehalt aus dem Extrakt- und dem Alkoholgehalt schätzen (s. Seite 45). Wenn kein unvergorener Zucker vorhanden ist, wird das CO_2 aus einer Milchsäuregärung stammen.

Kalkentsäuerung des Weines

Wie dargestellt, sollte im Interesse der Qualität eine Kalkentsäuerung vor Gärbeginn erfolgen, nach der Gärung ist eine Kalkentsäuerung nur als Notmaßnahme zu betrachten.
Sollte doch einmal ein Jungwein entsäuert werden müssen (ist er ohne Entsäuerung wirklich nicht trinkbar?), so wird die Kalkmenge berechnet wie bei der Mostentsäuerung, auch ansonsten wird identisch vorgegangen. Der Trub mit weinsaurem Kalzium wird beim 2. Abstich abgetrennt. Siehe dazu Seite 66.

Umgärung

Unter Umgärung versteht man das Einleiten einer zweiten Gärung, wobei Zuckerzusatz eine Alkoholerhöhung bewirkt. Grundsätzlich ist Most- oder Maischeanreicherung vorzuziehen. Sollte jedoch einmal eine spätere Anreicherung notwendig sein, so ist folgendermaßen vorzugehen:

1. Ursprüngliches Mostgewicht bestimmen (s. Seite 45)
2. (Gesamtalkohol ablesen aus Tabelle (s. Seite 69)
3. Anzustrebenden Alkoholgehalt festlegen – evtl. weingesetzliche Grenzen beachten
4. Zucker nach Tabelle (Seite 71) zufügen
5. Reinzuchthefen zufügen – kräftige Trockenhefegabe ist zu empfehlen
6. Gut durchrühren
7. Nach Gärung abstechen.

Eine Umgärung bewirkt zunächst immer eine leichte Säureverminderung, wird anschließend nicht abgestochen, kommt es wahrscheinlich zu einer Milchsäuregärung.
Das Weingesetz erlaubt Umgärungen nur bis zum 15. März und nur, wenn vorher noch keine Verbesserung durchgeführt wurde. Die Höchstwerte sind wie bei Anreicherung vor der Gärung festgelegt.
Eine Umgärung kann notwendig nicht nur zur Alkoholerhöhung sein, sondern auch als Maßnahmen zur Krankheits- und Fehlerbekämpfung (s. dort).

Alkoholzugabe

Der Alkoholgehalt kann natürlich auch erhöht werden, indem Alkohol zugegeben wird. Bei einigen Spezialweinen des Mittelmeers (Sherry, Portwein, Marsala, Madeira) ist dies üblich.
Berechnet wird die Zugabe nach der Kreuzformel (siehe Seite 72).
Zugegeben werden kann jeder geschmacksneutrale Alkohol wie z. B. Korn. Üblicherweise wird „Primasprit“ verwendet, das ist Weingeist von 96 %.

Nach dem Weingesetz ist das Verfahren nicht zugelassen, außer bei Weinen, die für die Ausfuhr vorgesehen sind.
Da Weingeist hoch besteuert ist, wäre dies auch die teuerste Methode, billiger ist es, durch Zusatz von Zucker und Verwendung geeigneter Hefe den gewünschten Alkoholgehalt zu erreichen.

Zweiter Abstich

Bis März-April sollte der Wein hinreichend klar sein, so daß ein zweites und letztes Mal abgestochen werden kann.
Wenn noch eine mehr oder weniger starke Trübung vorhanden ist, kann sie durch zusätzliche Abstiche beseitigt werden, jeweils im Abstand von vier bis sechs Monaten. Bordeaux-Weine z. B. werden vor der Flaschenfüllung bis zu zehnmal abgestochen.
Allerdings verlieren Weine mit jedem Abstich an Frische und Spritzigkeit. Besonders bei Weißweinen muß man bei Abstichen anderweitige Schädigungen in Kauf nehmen. Aber auch bei Rotweinen ist die Gefahr von Schädigungen geringer, wenn sie bei Beginn des Sommers klar sind. Den in der warmen Jahreszeit unvermeidlichen Temperaturanstieg überstehen fertige Weine besser.
Wer die jetzt noch vorhandene Trübung nicht hinnehmen will, muß vor dem zweiten Abstich Klärmaßnahmen durchführen, wie sie im Kapitel Mängel, Fehler und Krankheiten erläutert sind.
Der zweite Abstich selbst wird genau wie der erste durchgeführt, es muß lediglich noch mehr Sorgfalt aufgebracht werden, damit keine Trubteile mit übergehen und den schon klaren Wein wieder eintrüben.
Es ist besser, die letzten Zentimeter des Faßinhalts nicht direkt ins neu zu befüllende Faß zu leiten, sondern entweder gesondert abzufüllen und sofort zu verbrauchen oder aber zu filtrieren und mit dem übrigen Wein zusammen zu verarbeiten.

Der Wein wird trinkfertig

Geschmackssache: Restsüße

Der Wein wird jetzt, je nach Mostgewicht und Gärbedingungen, durchgegoren sein oder noch unvergorenen Zucker enthalten. Weine mit weniger als 4 g/l Zucker, je nach Säuregehalt bis 9 g/l Zucker, dürfen nach dem Weingesetz als „trocken“ bezeichnet werden. Moste mit bis 100–120 °Oe (nach Anreicherung) werden, normale Gärbedingungen vorausgesetzt, trockene Weine geben.
Genau läßt sich dies im Labor nachweisen, für den Hobbykellerwirt ist diese Analyse aber nicht durchführbar. Wir müssen uns damit begnügen, das Mostgewicht zu bestimmen, liegt dieses um 0 °Oe, so können wir davon ausgehen, daß wir einen trockenen Wein erzeugt haben.
Im Handel sind überwiegend Weine erhältlich, die noch über eine beträchtliche Restsüße verfügen, diese kann auf verschiedene Weise erzeugt werden:

1. Die Gärung wird abgestoppt bevor der gesamte Zucker vergoren ist durch:
   Alkoholzugabe: Durch die Alkoholzugabe wird der Alkoholgehalt so-

weit erhöht, daß die Hefen ihre Tätigkeit einstellen, obwohl noch Zukker vorhanden ist. Das Verfahren ist, wie erwähnt, in Deutschland nicht zugelassen.

Schwefelung: Durch sehr starke Schwefelung läßt sich die Gärung ebenfalls hemmen. Aber die so erzeugten Weine sind so schwefelhaltig, daß diese Methode nicht in Frage kommt.

Druckerhöhung: Wenn die Gärung in Drucktanks erfolgt, kann die Gärung durch entsprechende Steuerung des Drucks verlangsamt oder ganz beendet werden, Zucker bleibt unvergoren erhalten.

Gemeinsam ist allen drei Methoden, daß diese Weine wegen des Restzukkers nicht stabil sind und ohne Pasteurisieren, Sterilfiltration und Schwefeln nicht gelagert werden können.

2. Heute wird ein Wein mit Restsüße überwiegend so erzeugt:
   Vor Beginn der Gärung wird ein Teil des Mostes als „Süßreserve" abgetrennt und auf verschiedene Weise haltbar gemacht (durch Pasteurisieren, Schwefeln, Kühlen, Chemischkonservieren).
   Der verbleibende Rest wird voll durchgegoren. Beide – durchgegorener Wein und Süßreserve – werden erst unmittelbar vor der Flaschenfüllung wieder vereinigt.
   Nachteil auch dieser Methode ist, daß das Ergebnis des Verschnittes nicht stabil ist. Es können Trübungen auftreten oder eine erneute Gärung einsetzen. Es wird daher fast immer eine Bentonit-Schönung durchgeführt und pasteurisiert (geschwefelt wird sowieso bei der Abfüllung).
   Vorteil dieser Methode ist, daß bis zur Abfüllung (= Mischung) stabile Flüssigkeiten vorliegen.
3. Auch Zugabe von Zucker oder Süßstoff bringt dasselbe Ergebnis. Wenn Zucker zugegeben wird, tritt wie bei Süßreserve das Problem der Haltbarkeit auf (nach dem Weingesetz nicht zugelassen).
4. Es kann natürlich auch sein, daß der Most tatsächlich so viel Zucker enthält, daß die Hefezellen wegen des von ihm selbst produzierten Alkohols die Tätigkeit einstellen, bevor der gesamte Zucker vergoren ist. Solche Moste sind in Deutschland sehr selten (ab Prädikatsstufe „Auslese").

Eigentlich sollte davon ausgegangen werden, daß der Hobbywinzer gerade Weine erzeugen will, die keine Restsüße haben. Hier jedoch für alle Fälle ein Vorschlag, wie auch mit unseren technischen Mitteln ein Wein mit Restsüße erzeugt werden kann. Wir verwenden dazu die Süßreserve-Methode.

Zunächst wird überschlägig der Zuckergehalt des Mostes ermittelt. Es genügt dabei, wenn wir das Mostgewicht mit 2,6 multiplizieren, die so erhaltene Zahl um 25 bis 30 vermindern, das Ergebnis ist der Zuckergehalt in g/l.

Beispiel: Ein Most hat 75°Oe. Wir nehmen dann etwas vereinfacht an, daß sich im Most 170 g Zucker je Liter befinden.

Des weiteren nehmen wir an, daß ein voll durchgegorener Wein noch etwa 2 g/l Zucker enthält. Nach der Kreuzformel berechnen wir nun das Verhältnis Wein zu Süßreserve, das zum gewünschten Ergebnis führt. Im Beispiel soll ein Wein von 10 g/l Restsüße angestrebt werden:

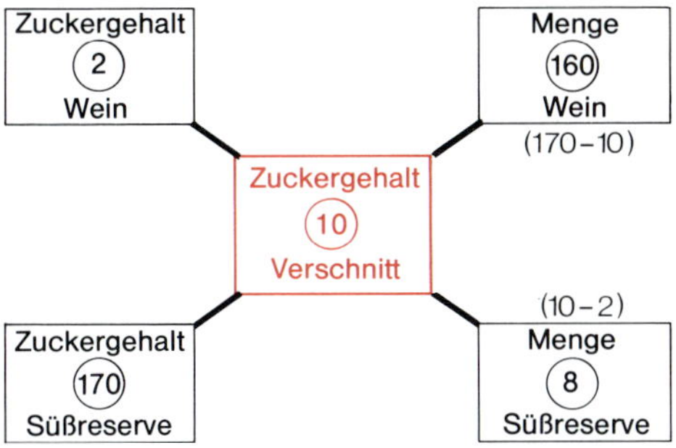

Der vorhandene Most muß im Verhältnis 8 : 160 aufgeteilt werden in Süßreserve und in Wein, der vergoren wird. Haben wir nun 60 l Most, so ergibt sich

Wein: $60\,l \times \frac{160}{168} \approx 57\,l$

Süßreserve: $60\,l \times \frac{8}{168} \approx 3\,l.$

Es werden also im vorliegenden Fall 3 Liter Most als Süßreserve weiterbehandelt, der Rest wird durchgegoren (es kann durchaus großzügig gerundet werden, die Rechnung enthält genügend Unsicherheiten, und auch geschmacklich sind ein paar Gramm Restsüße mehr oder weniger allenfalls im direkten Vergleich festzustellen). Der Restzuckergehalt ist rechtlich begrenzt: Alkohol: Restzucker = 3 : 1 (jeweils in g/l).

Die Süßreserve muß besonders sorgfältig behandelt werden:

Zuerst wird eine Bentonitschönung durchgeführt mit 20 g je 10 l (s. Seite 105). Diese Schönung ist notwendig, weil andernfalls beim Verschnitt von Wein und Süßreserve Trübungen sehr häufig sind. Sodann wird filtriert. Die Filtrierfähigkeit kann durch eine Behandlung mit pektinspaltenden Enzymen verbessert werden (s. Seite 59).

Der Schwefelgehalt der Süßreserve wird auf mindestens 75 mg/l eingestellt, dazu mit 1,5 bis 2 g KD je 10 l schwefeln.

Die geschönte Süßreserve wird dann in möglichst kleine Flaschen (½ l oder noch kleiner) gefüllt – das Fassungsvermögen mit Hilfe eines Meßbechers oder Meßzylinders feststellen – und wie bei der Fruchtsaftbereitung behandelt: Die Flaschen werden in einem Weckapparat auf 80 °C erhitzt, mit einer Gummikappe verschlossen und dann abgekühlt.

Statt zu pasteurisieren können Sie auch einen Konservierer verwenden (z. B. Para-flüssig von Arauner). Bentonit-Schönung vor der Konservierung und die Mischung mit dem durchgegorenen Wein erfolgen ebenso wie dargestellt.

Wenn Sie nun Ihren Wein trinkfertig machen wollen, so geben Sie eine Flasche Ihrer Süßreserve und die entsprechende Menge durchgegorenen Wein (im Beispiel: ½ l Süßreserve und das 160/8fache Wein, also etwa 10 l) in einen Behälter (möglichst Glasballon) und rühren durch. Dann ist der Gehalt an freier schwefliger Säure auf 40–50 g/l einzustellen (s. Seite 61).

Sie können jetzt den Wein in Flaschen füllen (länger haltbar) oder vom Faß (Ballon) trinken. Im letzteren Fall müssen Sie bedenken, daß trotz ständiger SO_2-Kontrolle und Nachschwefelung der Wein sich nur einige Wochen hält, kühle Lagerung vorausgesetzt.

Auch Flaschenfüllung gewährleistet keine allzu große Haltbarkeit, wenn nicht steril abgefüllt wird. Dies ist jedoch nicht mit vertretbarem Aufwand durchzuführen.

Abzapfen vom Faß

Der Wein ist jetzt trinkfertig. Am einfachsten ist es, wenn Sie den Wein direkt vom Faß trinken, und es wirkt auch recht zünftig, wenn Sie den Wein im Krug kredenzen. Allerdings muß man den Wein so gut es geht dagegen schützen, daß beim Abzapfen mit der nachströmenden Luft Fremdkörper oder Keime in das Faß geraten.

Um dies zu verhindern, wird die Sperrflüssigkeit ausgeschüttet und der Gärspund völlig getrocknet. Dann werden wie in der Zeichnung die Schaumgummiteile eingelegt und eine Mischung eingeschüttet, die aus 100g KD und 10g Zitronensäure besteht. Wird nun Wein abgezapft, so wird der aus dem Faß fließende Wein durch Luft ersetzt, die durch den Zapfaufsatz einströmt. Diese Luft streicht dabei durch die Trockenfüllung des Gärspunds. Die Luftfeuchtigkeit bildet nun aus KD und Zitronensäure unter anderem gasförmiges SO_2. So bleibt der Faßraum über dem Wein keimarm.

Wichtig ist die Zugabe der Zitronensäure, weil ja KD nur in Verbindung mit Wasser **und** Säure SO_2 freisetzt.

Die Wirkung dieser „Selbstschwefler" ist aber sehr beschränkt. Keime, vor allem Kahm, gelangen nämlich weniger von außen in den Wein, sondern sind dort schon vorhanden. Erst bei Zutritt von Sauerstoff werden sie aktiv – der Sauerstoff aber wird natürlich durch den Zapfspund nicht zurückgehalten. Trotzdem ist diese Trockenfüllung als Zapffüllung den Flüssigkeiten (Alkohol, SO_2-Wasser) deutlich überlegen, weil die Luft gleichmäßig nachströmt, während bei Flüssigkeiten Luftblasen entstehen, die nur Unruhe in den Wein bringen und die Klärung verzögern.

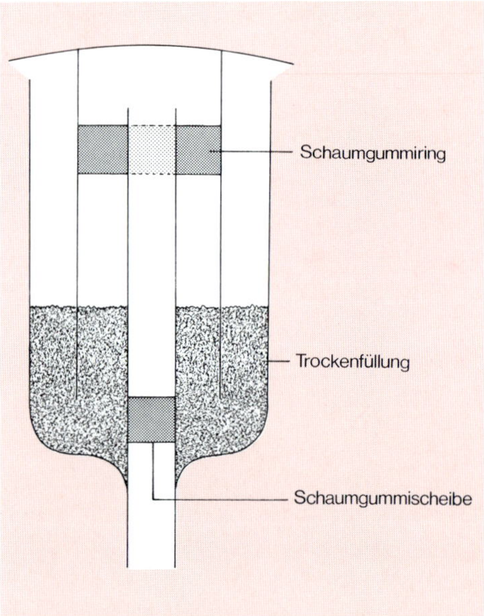

Der Gärspund wird jetzt als Zapfspund verwendet. Die Trockenfüllung soll nachströmende Luft mit Schwefeldioxid anreichern.

Grundausstattung
Im Vordergrund Oechslewaage und Säuremeßzylinder zur Analyse des Mostes. Dahinter ein großer und kleiner Glasballon als Gär- und Lagergefäß. Ein Glasballon ist mit einem Gärspund verschlossen. Mit dem Schlauch wird der Wein von einem Ballon in den anderen abgelassen.

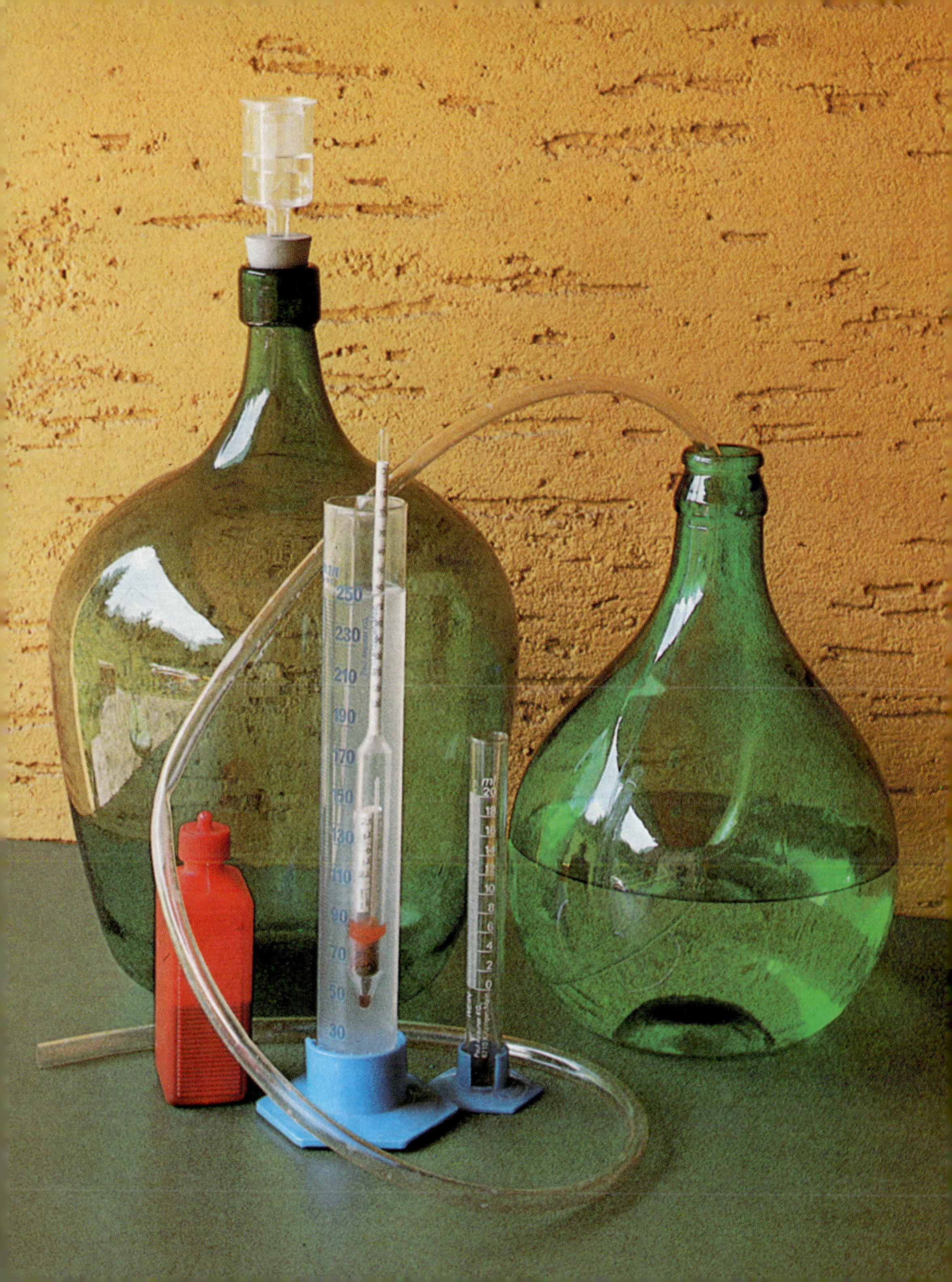
250
230
210
190
170
150
130
110
90
70
50
30

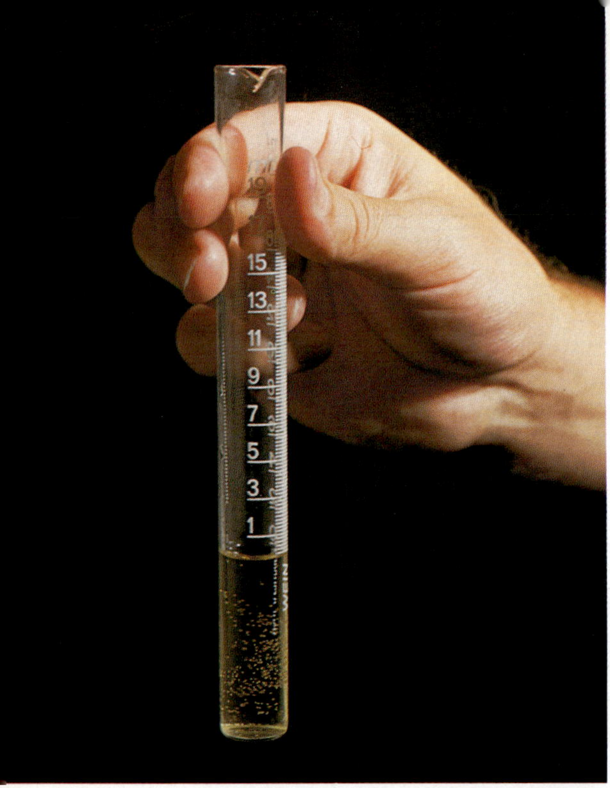
15
13
11
9
7
5
3
1
WEIN

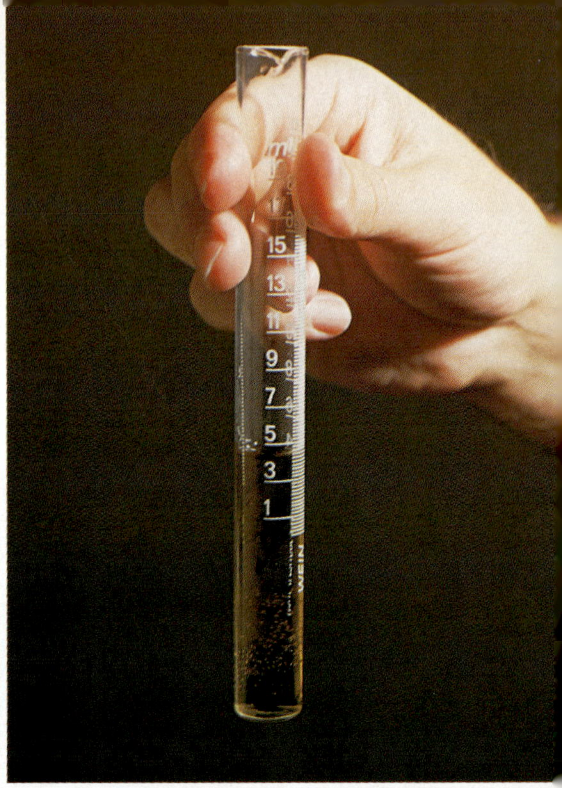
15
13
11
9
7
5
3
1
WEIN

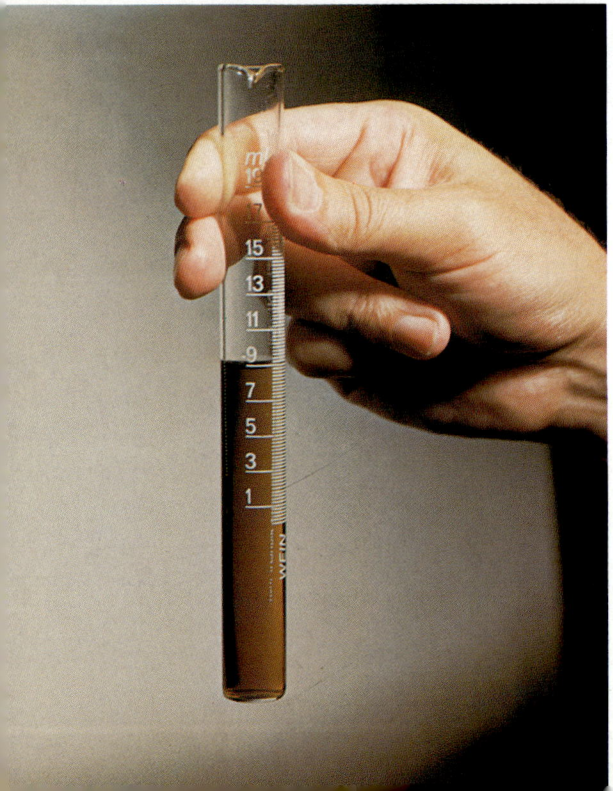
15
13
11
9
7
5
3
1
WEIN

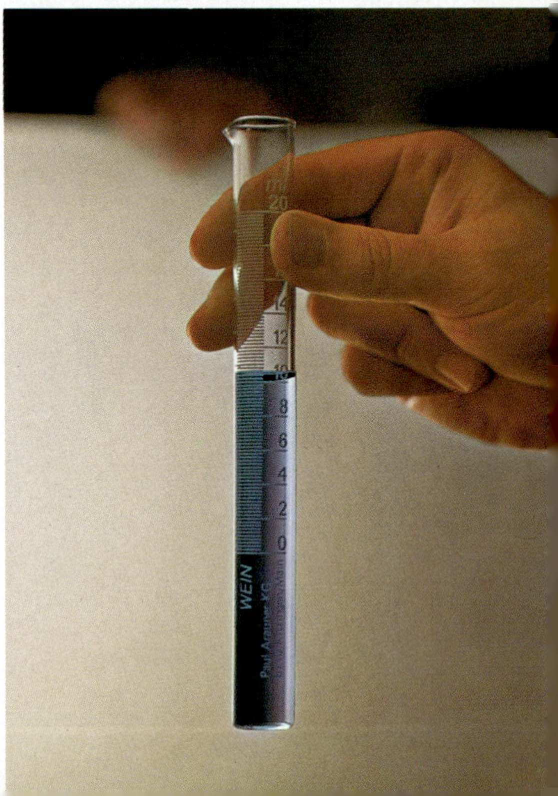
20
14
12
10
8
6
4
2
0
WEIN

Wenn beim 2. Abstich der Wein in mehrere kleine Fässer gefüllt wird statt in ein großes, so wird ein einzelnes Faß nicht so lange im Anbruch liegen. Damit verringert sich die Gefahr von Schädigungen.
Aber auch diese Vorsichtsmaßnahmen werden nicht alle Gefahren von Ihrem Wein abhalten können, insbesondere sind als solche Gefahren Essigstich und Kahmigwerden zu nennen.

Flaschenfüllung

Am sichersten schützen Sie Ihren Wein vor Schädigungen, wenn Sie ihn rechtzeitig in Flaschen abfüllen.
Ob Sie sich diese Arbeit machen wollen, können Sie anhand der Vor- und Nachteile abwägen:

Vorteile des Abzapfens vom Faß:

- geringster Arbeitsaufwand
- geringste Kosten
- es wirkt recht zünftig, wenn den Gästen der Wein im Krug serviert wird
- man kann auch kleinste Mengen zapfen – auch nur ein Glas
- Holzfässer brauchen nicht konserviert zu werden
- Trübungen und Nachgärungen sind weniger schlimm.

Säuremessung
Die Fotos zeigen die einzelnen Stufen des Farbumschlags. Links oben im Meßzylinder befindet sich nur Wein. Rechts oben erkennt man, wie sich die Blaulauge langsam im Wein verteilt. Links unten hat der Wein bereits eine deutliche Färbung. Rechts unten ist die Titration beendet, die Farbe des Weines ist jetzt tiefblau.

Vorteile der Flaschenfüllung:

- Weine altern im Faß schneller als in der Flasche
- Wein im Anbruch ist krankheitsgefährdet
- beim Zapfen können schädliche Kleinstlebewesen ins Faß geraten
- manche Weine gewinnen auf der Flasche
- Restsüße kann besser stabilisiert werden
- Faßwein ist schwer richtig temperiert auf den Tisch zu bringen.

Gut beraten wird man sein, wenn man Weine, die voraussichtlich binnen eines Jahres verbraucht werden, im Faß beläßt – also die Konsumweine. Bessere Weine dagegen, die wir über mehrere Jahre hinweg aufbewahren, sollten abgefüllt werden.
Für den richtigen Zeitpunkt zum Abfüllen gibt es keine eindeutige Regel, es kommt auf den Einzelfall an, dabei reicht die Zeitspanne äußerst weit:
Manche Weine sind schon zu Silvester des Jahres der Lese abfüllreif, andere erst nach vielen Jahren. So werden manche französische Rotweine erst nach fünf und mehr Jahren abgefüllt.
Hobbywinzer sollten sich an die Faustregel halten: Weißweine so früh wie möglich abfüllen, allenfalls Rotweine können etwas länger im Faß belassen werden.
Wenn Sie nach dieser Regel verfahren, holen Sie vielleicht nicht das letzte an Entwicklungsmöglichkeit aus Ihrem Wein, aber Sie gehen das geringste Risiko ein.
So früh wie möglich heißt allerdings: Der Wein muß völlig klar, in Farbe und Geruch stabil sein, also sich über meh-

rere Wochen hinweg nicht mehr verändert haben (öfters probieren!).
Im allgemeinen wird dieser Zustand im Frühjahr erreicht sein, der Wein kann also vor Sommeranfang abgefüllt werden. Das ist wichtig, denn wenn sich die Keller erwärmen, erhöhen sich die Gefahren für den Wein, besonders in den wenig temperaturstabilen Neubaukellern.
In der gewerblichen Weinherstellung wird dem Gehalt an freier schwefliger Säure vor dem Abfüllen große Beachtung geschenkt, diese soll bei 30 bis 40 mg/l stabil sein. Trockene Weine ohne Restsüße kommen mit einem geringeren Schwefelgehalt aus. Auch der Hobbywinzer kann mit dem Säuremeßzylinder die freie schweflige Säure messen, wenn ein entsprechender Indikator verwendet wird (Näheres Seite 38).
Werden bei dieser Prüfung die angestrebten 20–30 mg/l nicht vorgefunden. so wird nachgeschwefelt. Für die Schwefelmenge gilt: Wenn zu 10 l Wein 0,2 g KD zugegeben werden, so erhöht sich die freie schweflige Säure um 10 mg/l. Werden also bei 30 l Wein 15 mg/l vorgefunden, aber 35 mg/l angestrebt, so beträgt die KD-Menge:

$$\frac{30}{10} \times 0{,}2\ \text{g} \times \frac{35\text{–}15}{10} = 1{,}2\ \text{g}$$

(also rund 1¼ Tabletten).
Die Messung wird nach einigen Wochen wiederholt. Der Wein kann dann abgefüllt werden, wenn sich der Schwefelgehalt nicht mehr verändert.
Auch die Rahnprobe (Seite 86) gibt Aufschluß, ob nachgeschwefelt werden muß, freilich nicht über die genaue Schwefelmenge.

Ein Teil des Schwefels kann auch durch Askorbinsäure („Vitamin C“, erhältlich in jeder Apotheke) ersetzt werden. Dann genügen 20–25 mg/l freie schweflige Säure, Askorbinsäure wird in einer Menge von 0,5–1 g/10 l eingesetzt (begrenzt ist der Zusatz durch das Weinrecht auf 1,5 g).
Zur Abfüllung werden nur sehr gut gereinigte Flaschen verwendet (zur Reinigung s. Seite 33).
Achten Sie darauf, daß beim Füllen der Flaschen der Wein möglichst wenig Sauerstoff aufnehmen kann.
Die Flaschen werden soweit gefüllt, daß zwischen Kork und Wein noch etwa 0,5–1 cm Luftraum verbleibt.
Sparen Sie nicht am falschen Platz, verwenden Sie in jedem Fall neue Korken, gebrauchte sind fast immer infiziert und nur selten ganz dicht.
Neben den althergebrachten Naturkorken werden seit langem auch Preßkorken aus Korkresten und Korkstaub hergestellt. Preßkorken sind wesentlich billiger als Naturkorken, und sie haben sogar Vorteile: sie lassen sich leichter in die Flaschenmündung drücken und sie neigen weniger dazu, danach wieder aus der Flasche gedrückt zu werden. Für Weine, die nur kurz, bis zwei Jahre, gelagert werden, sind Preßkorken durchaus verwendbar. Bei längerer Lagerzeit wird ein Preßkorken aber brüchig und dann sogar durchlässig. Zumindest gibt es dann Schwierigkeiten beim Öffnen der Flasche, womöglich ist der Wein sogar verdorben.
Es gibt auch konisch zulaufende Korken. Diese haben zwar den Vorteil, daß sie ohne Verkorkgerät in die Flasche gedrückt werden können, haben aber

den schwerwiegenden Nachteil, daß sie nicht genügend festsitzen und häufig aus der Flasche gedrückt werden, womit der Wein verloren ist. Verwenden Sie immer gerade Korken und einen geeigneten Verkorkapparat (s. Seite 35).

Die Korken müssen vor dem Abfüllen mindestens 8–10 Stunden in **kaltem** Wasser liegen, keinesfalls auskochen. Die Korken werden dann mit dem Verkorkapparat in die Flaschen gedrückt oder geschlagen.

Nach dem Verkorken sollten die Flaschen noch einige Stunden stehend gelagert werden. Dabei laufend beobachten, ob die Korken fest sitzen. Falls ein Korken langsam aus der Flasche gedrückt wird, neu verkorken (dabei auch neuen Kork verwenden!). Sobald sich keine Veränderung mehr zeigt Flasche legen, damit die Korken immer vom Wein umspült sind und somit nicht austrocknen.

Die Flaschenmündungen können mit Kapseln aus Stanniol, Aluminium oder Kunststoff versehen werden. Eine solche Kapsel schützt den Korken vor Schimmel und der Korkmotte. Wenn Sie den Wein nicht zu lange lagern wollen, so können Sie sich diese Kosten und Arbeit sparen, es sei denn, Sie wollen die Kapseln aus optischen Gründen.

Natürlich können Sie Ihre Flaschen auch noch mit Etiketten versehen – vom selbstbeschriebenen Adreßaufkleber (wandern oft als Abfall bei EDV-Abteilungen in den Papierkorb) bis hin zu mehr oder weniger geschmackvoll gestalteten fertigen Flaschenetiketten, wie sie der Zubehörhandel liefert.

Wie erwähnt, müssen Flaschen mit Korkenverschluß immer liegend gelagert werden. Was beim Kauf oder Bau von Lagersystemen beachtet werden sollte, wird im Kapitel „Keller und Geräte“ beschrieben.

Noch ein Wort zur Lagerfähigkeit der Weine: Faßwein sollte in jedem Fall binnen eines Jahres verbraucht sein. Auch Flaschenweine sollten nicht zu lange gelagert werden, Sprüche wie „Junge Frauen, alter Wein ...“ usw. haben nur teilweise ihre Berechtigung. Flaschenweine gewinnen immer zunächst auf der Flasche noch, sie werden milder, ausgewogener. Von einem gewissen Zeitpunkt an aber lassen sie nach bis hin zur Ungenießbarkeit. Dieser Zeitpunkt ist von Wein zu Wein verschieden, er ist nur durch regelmäßiges Probieren herauszufinden. Bei Weinen, die nicht zur absoluten Spitzenklasse zählen, bei deutschen Weinen fast immer, dürfte das Optimum spätestens drei Jahre nach der Lese erreicht sein.

Wein trinken, Wein verproben

Auch wenn Sie Ihren Wein sorgfältigst nach den Regeln der Kellerwirtschaft herstellen, falls Sie ihn unter ungünstigen Bedingungen servieren, wird seine wahre Qualität nie erkennbar sein.

Die wichtigste Bedingung ist die richtige Temperatur. Weißweine und Weißherbste schmecken bei 10–12 °C am besten. Rotweine sollen nach einem sich hartnäckig haltenden Gerücht zimmerwarm sein – das gilt allenfalls für allerbeste, einige Jahre gereifte Rotweine, für die 18–20 °C empfohlen seien. Durchschnittliche Rotweine aber sollten um 15–16 °C temperiert sein.

Weißwein wird also in etwa die richtige Temperatur haben, wie er aus dem Keller kommt, eventuell wird die Temperatur nach **kurzer** Lagerung im Kühlschrank stimmen.

Es wird immer wieder gewarnt, Weißwein im Tiefkühlfach oder in der Tiefkühltruhe auf die gewünschte Temperatur zu bringen. Das mag berechtigt sein, eine wissenschaftliche Begründung für diese Warnung fehlt bislang noch. Auch auf die Gefahr hin, für einen Banausen gehalten zu werden: dem Wein wird es ziemlich gleichgültig sein, mit welchen Mitteln er auf die richtige Temperatur gekühlt wurde. Anders ausgedrückt: Lieber einen Weißwein oder Weißherbst in der Tiefkühltruhe richtig temperieren, als ihn zu warm zu trinken, eine halbe Stunde Kühlen genügt.

Rotwein sollte langsam auf Temperatur gebracht werden, indem die Flasche schon einige Stunden vor dem Trinken ins Zimmer gestellt wird. Wenn Sie etwa eine Stunde vor dem Trinken die Flasche entkorken, wird sich die Blume richtig entfalten können.

Sehr alter Rotwein und wegen der fehlenden Filtration auch viele hausgemachten Rotweine werden ein Depot bilden, es wird sich in der Flasche ein Bodensatz absetzen. Darum müssen Sie vermeiden, daß dieses Depot aufgewirbelt wird: Legen Sie den Wein in ein Dekantierkörbchen. Sie können direkt aus der Flasche einschenken oder noch besser dekantieren: Den Wein langsam aus der Flasche in eine Karaffe gießen, so daß das Depot in der Flasche bleibt.

Da Weißweine frisch, möglichst mit leichtem Kohlensäuregehalt getrunken werden, ist hier weder zu empfehlen, die Flasche eine Stunde vor dem Trinken zu öffnen noch den Wein zu dekantieren. Ja, im Gegensatz zu Rotweinen werden Weißweinflaschen auch zwischen jedem Einschenken wieder mit dem Korken leicht verschlossen.

Dekantieren wird bei Weißweinen auch kaum nötig sein, es wird sich allenfalls Weinstein abgesetzt haben, der aber weder die Klarheit noch den Geschmack des Weines in irgendeiner Weise beeinträchtigt.

Noch ein Wort zum **Korkenzieher**: Die Versuche, den idealen Korkenzieher zu entwickeln, sind Legion. Es ist unmöglich, Ihnen ein bestimmtes Modell zu empfehlen, achten Sie aber auf folgendes:

Der Bohreinsatz soll nicht, wie weit verbreitet, einem Bohrer nachempfunden, sondern als Spirale ausgebildet sein. Diese Spiralform soll bis hin zur Spitze beibehalten werden, die Spitze darf also nicht zentriert sein. Die Spitze muß ihrem Namen gerecht werden, also spitzig, nicht stumpf auslaufen.

Wenn der Korkenzieher einen Mechanismus enthält, der Kraft einspart, so ist das ebenfalls hilfreich, vor allem hilft ein solcher Mechanismus auch, die Flasche ohne große Erschütterung zu entkorken.

Solche Patentkorkenzieher arbeiten nach dem Prinzip der Schraubspindel oder nach dem Prinzip des Hebels – Sie werden selbst herausfinden, was sinnvoll ist und was nicht.

Daneben gibt es auch seit einigen Jahren ein ganz neues Prinzip für Korkenzieher: Durch den Korken wird eine Kanüle geschoben, durch die ein Gas (CO_2, Freon, Stickstoff oder einfach Preßluft) in den Luftraum zwischen Korken und Wein gedrückt wird. Der Druck treibt den Korken aus der Flasche.

Die beiden linken Gläser sind nicht weingeeignet. Färbung und Schliff verfälschen das Aussehen des Weines. Rechts zwei vorbildliche Weingläser. Das Rotweinglas hat einen kurzen Stiel, während das Weißweinglas mit langem Stiel weniger Wärme von der Hand zum Wein leitet. Ein gutes und gern benutztes Glas ist auch das schwäbische Viertelesglas.

Fast ebenso wichtig wie die richtige Temperatur ist **das richtige Glas**. Geschliffene oder bunte Gläser verfälschen das Aussehen, kelchförmige, nach oben weiterwerdende Gläser bewirken, daß die Blume sich schnell verflüchtigt.

Beim Weißweinglas sollte das Fassungsvermögen geringer sein als beim Rotweinglas, weil Weißwein öfters frisch eingeschenkt werden soll bzw. getrunken werden muß, bevor er sich erwärmt.

Der Stiel ist bei Weißweingläsern länger, damit die Wärme der Hand nicht die Weintemperatur beeinflußt.

Wichtig ist schließlich noch, daß das Glas nur zu etwa einem Drittel eingeschenkt wird, so können sich die Geruchsstoffe voll entfalten.

Wenn Sie einen Wein wirklich genießen wollen, so sollten Sie diese Ratschläge immer beachten, gleichgültig, ob Sie Ihren eigenen Wein oder gekauften trinken.

Wenn Sie aber eine mehr oder weniger ernsthafte Weinprobe veranstalten wollen, so müssen Sie erst recht diese optimalen Bedingungen einhalten. Dabei können Sie sich in etwa an das Vorgehen bei den offiziellen Weinprüfungen halten: Geprüft wird zunächst mit dem **Auge** die Farbe und die Klarheit. Sodann wird mit der **Nase** der Geruch geprüft, dazu den Wein im Glas schwenken, damit die Geruchsstoffe frei werden. Dann wird mit der **Zunge** der Geschmack geprüft: Man nimmt einen kleinen Schluck Wein in den Mund und spült damit den ganzen Mundraum aus. Einen intensiven Geschmackseindruck erhält man, besonders bei Rotweinen, wenn man nun, solange der Wein im Mund ist, etwas Luft ansaugt und über den Wein wegstreichen läßt.

Professionelle Weinprüfer spucken den Wein jetzt wieder aus – sie müssen gelegentlich über 50 Weine in drei Stunden verkosten. Sie werden Ihren Wein aber wohl eher trinken wollen.

Zwischen zwei Weinen können Sie Ihr Geschmacksempfinden ganz gut mit einem Stück Brot neutralisieren. Käse schmeckt zwar ausgezeichnet zu Wein, sollte aber bei einer Weinprobe wegen des ausgeprägten Geschmacks beiseite gelassen werden. Rauchen stört das Geschmacksempfinden ganz besonders.

Am besten bewerten Sie Ihre Weine nach dem 5-Punkte-Schema, das nach dem Weingesetz für die Qualitätsweinprüfung verwendet wird.

Dieses Schema wurde 1983 neu eingeführt. Grundgedanke ist, daß ein Wein, der bestimmte Vorbedingungen nicht erfüllt (z.B. nicht klar ist) überhaupt nicht Qualitätswein sein kann. Daher werden in der ersten Stufe der Prüfung diese Vorbedingungen im ja/nein-Verfahren abgeprüft. Erst wenn ein Wein die Vorbedingungen erfüllt, wird in der zweiten Stufe mit Punkten bewertet. Interessanterweise gibt es nur eine Mindestpunktzahl für alle Qualitätsstufen. Das bedeutet nicht weniger als die Abkehr von der Vorstellung, daß beispielsweise ein Wein, der die Bedingungen für die Einstufung als Spätlese erfüllt hat auch in jedem Fall besser schmecken muß als etwa ein Kabinettwein. Was sich mit meiner Erfahrung vielfach deckt.

Wenn Sie die Punktebewertung vornehmen, seien Sie kritisch auch Ihrem eige-

Prüfung der Vorbedingungen

Merkmal			Wenn nein: Folgerung
Rebsorte:	typisch	ja/nein	Wein nur QbA-geeignet, wenn ohne Rebsortenangabe
Prädikat:	typisch	ja/nein	Wein muß herabgestuft werden
Herkunft:	typisch	ja/nein	Wein nicht QbA-geeignet
Farbe:	typisch	ja/nein	Wein nicht QbA-geeignet
Klarheit:	glanzhell	ja/nein	Wein nicht QbA-geeignet

Sensorische Prüfung

	hervorragend	sehr gut	gut	zufriedenstellend	nicht zufriedenst.	keine Bewertung
Geruch	5,0 4,5	4,0 3,5	3,0 2,5	2,0 1,5	1,0 0,5	0,0
Geschmack	5,0 4,5	4,0 3,5	3,0 2,5	2,0 1,5	1,0 0,5	0,0
Harmonie	5,0 4,5	4,0 3,5	3,0 2,5	2,0 1,5	1,0 0,5	0,0

Die Bewertung für Harmonie darf höchstens um einen Punkt über dem höheren Wert für Geruch oder Geschmack liegen.
Die Punktzahl darf bei keinem Merkmal unter 1,5 Punkten liegen (Mindestpunktzahl).
Das Ergebnis der Prüfung ist die durch 3 geteilte Summe der Einzelbewertungen (Qualitätszahl).

nen Wein gegenüber. Prüfen Sie auch nie Ihre eigenen Weine allein, sondern vergleichen Sie mit geeigneten fremden Weinen aus gleichem Jahrgang, gleicher Rebsorte und gleicher Lage.
Wenn Sie zur Weinprobe auch Freunde einladen, was aus Gründen der Geselligkeit wie auch der Objektivität zu empfehlen ist, so machen Sie eine verdeckte Probe, das heißt, Sie umhüllen die Flaschen mit Papier (es gibt auch spezielle Kreppühllen), damit keiner weiß, was er gerade probiert.
Daneben wird bei Weinproben eine ganz besondere Fachsprache verwendet, die fast jede denkbare Empfindung mit einem Ausdruck zu beschreiben versucht. Diese Ausdrücke sind aber schwer mit Worten zu erklären, Sie müssen erlebt werden, dazu werden von allerlei Institutionen Weinseminare veranstaltet.

Mängel, Fehler, Krankheiten

Vorbeugen ist besser als heilen

Hier sei noch einmal zusammengestellt:

Was wir unbedingt beachten müssen

1. Peinliche Sauberkeit bei allem, was mit Wein in Berührung kommt.
2. Trauben, Most und Wein dürfen nie in Berührung kommen mit Eisen, Kupfer (auch Messing) und Zink.
3. Reinzuchthefe oder Gäransatz verwenden.
4. Genügend, aber nicht übermäßig schwefeln.
5. Genügend Gärraum belassen, Gärspund verwenden.
6. Rechtzeitig abstechen.
7. Nach der Gärung keine Berührung mit Luft (= Sauerstoffaufnahme), spundvoll halten.
8. Während der Gärung sind 15–20 °C, danach 10–14 °C (Weißwein jeweils kühler, Rotwein jeweils wärmer) die richtige Temperatur.

Wer diese Punkte beachtet, wird weitgehend sicher sein vor Weinen, die trüb sind oder in Farbe, Geruch und Geschmack nicht den Vorstellungen des Kellerwirtes entsprechen und deshalb einer weitergehenden Behandlung bedürfen.

Nachbehandlung wird nicht nur die unerwünschte Erscheinung beseitigen, sondern den Wein auch stets anderweitig beeinflussen.

Es ist daher auf jeden Fall besser, durch sorgfältiges Arbeiten der Entstehung von Schädigungen vorzubeugen, als sie später zu bekämpfen.

Trotz allem kann es – aus Nachlässigkeit oder einfach wegen unglücklicher Umstände – dazu kommen, daß im Wein Mängel, Fehler oder Krankheiten auftreten.

Als **Krankheiten** bezeichnet man Schädigungen, die unter dem Einfluß von Kleinstlebewesen entstehen. **Fehler** sind dagegen Schädigungen, die auf rein chemischen oder physikalischen Vorgängen beruhen. **Mängel** beruhen auf schlechter Qualität der Trauben.

Die Grenzen zwischen Mängeln, Fehlern und Krankheiten sind in der Praxis fließend, wir wollen daher im allgemeinen von Schädigungen sprechen und im folgenden zeigen, wie diese zu beheben sind.

Behandlung von Weinfehlern

Klärung durch Filtration

Viele Beeinträchtigungen lassen sich durch eine Filtration beseitigen. Leider sind wir jedoch wegen der hohen Kosten anderer Filtriersysteme auf einfache Trichterfilter angewiesen, die für die Verarbeitung größerer Mengen wenig geeignet (s. auch Seite 36) und wegen der unvermeidlichen Sauerstoffaufnahme sogar eher nachteilig sind.
Eine geringfügige Trübung sollten wir unter Umständen hinnehmen, sie beeinträchtigt ja nicht den Geschmack, sondern gilt „nur“ als Schönheitsfehler. Wir wollen aber unseren Wein weder verkaufen noch die DLG-Prämierung gewinnen.
Wird eine Filtration unumgänglich, so wird wohl zumeist im Anschwemmverfahren gearbeitet werden:
In den Trichter kommt zunächst ein Perlonfilterbeutel als ‚Stützschicht‘. Dann wird ein Filtrierpulver nach Angabe des Herstellers in soviel Wein angerührt, daß die Gesamtmenge gerade reicht, um den Filterbeutel zu füllen. Der Brei aus Wein und Filtrierpulver wird in den Beutel geschüttet. Der Wein läuft ab, während das Pulver die eigentliche Filterschicht aufbaut. Der Wein wird so lange in den Filter zurückgeschüttet, bis er blank abläuft. Erst danach wird weiterer Wein zugegeben, womit die eigentliche Filtration beginnt.
Als Filtrierpulver stehen uns mehrere Materialien zur Verfügung:

- Asbest
- Zellulose
- Kieselgur.

Für den Hobbywinzer werden Kombinationen dieser Stoffe angeboten. Bei Arauner wird der Asbestanteil betont, Schließmann bezeichnet sein Pulver als Asbest-Kieselgur-Kombination.
Von den genannten Filtrierpulvern wird man nur die Zellulose uneingeschränkt als unbedenklich bezeichnen können, während Asbest gerade in letzter Zeit sehr umstritten ist. Ob Asbest als Filtrierhilfsmittel gesundheitsschädlich ist, kann gegenwärtig nicht nachgewiesen werden, Bedenken sind aber wohl angebracht.
Es wurden auch Systeme zur „automatischen Beschickung“ der Filter beschrieben. Dabei wird das Spundloch luftdicht verschlossen, der Hahn mit einem Schlauch verbunden, der in den Filter bis gerade unter die Filteroberkante reicht. Es kann nur dann Luft einströmen, und damit Wein ausfließen, wenn die Schlauchöffnung nicht unter dem Flüssigkeitsspiegel im Filter ist – es fließt nur so viel nach, wie andererseits abfiltriert wird.
Nach diesem System läßt sich erheblich bequemer arbeiten, der Luftkontakt des Weines ist jedoch noch ausgiebiger als bei der üblichen Filtration.

Flugschönung durch Schönungsmittel

Unter Schönung versteht man den Versuch, Wein schön (= klar) zu machen, dazu verwendet man spezielle Schönungsmittel. Dabei werden elektrische Ladungszustände zur Klärung der Weine ausgenutzt. Besteht die Trübung aus elektrisch negativ geladenen Trübteilen, so wird ein (im Wein) positiv geladenes Schönungsmittel angewendet: Negativer Trub und positives Schönungsmittel ziehen sich gegenseitig an und bilden gemeinsam ein größeres, schwereres Teilchen, das jetzt absinkt; der Wein wird klar. Eine positiv geladene Trübung wird folglich durch negativ geladene Schönungsmittel bekämpft. Positiv geladene Schönungsmittel werden eingesetzt bei Weinen, die einen hohen Gehalt an (negativ geladenem) Gerbstoff haben. Dieser Gerbstoff entsteht vor allem bei einer Maischegärung.

Positiv geladene Schönungsmittel sind:

Hausenblase: Die getrocknete Fischblase vom Stör, Wels oder Hausen wurde früher häufig verwendet. Da nur noch schwer beschaffbar und umständlich anzuwenden, wird auf die weitere Beschreibung verzichtet.

Hühnereiweiß: Auch heute wenig gebräuchlich, obwohl es ein billiges und vorzügliches Mittel zur Klärung von Rotweinen ist. Das Eiweiß von einem Hühnerei je 25–50 l Wein wird vom Eigelb abgetrennt, schaumig geschlagen und in den Wein eingerührt. Ein außerdem sehr schonendes Mittel.

Gelatine: Heute das hauptsächlich verwendete positiv geladene Schönungsmittel, hergestellt aus Knochen, im Handel als Blattgelatine, pulverförmig und als „Flüssiggelatine" in Wasser gelöst.

Blattgelatine läßt sich besonders leicht abmessen, muß aber aufwendig gelöst werden. Dazu erst im kalten Wasser einige Minuten quellen lassen (bei Pulver- und Flüssiggelatine entfällt dieses Vorquellen), dann in etwa 40°C warmen Wein (1 l für 10 g) einrühren, bis sie vollständig gelöst ist.

Zur Schönung von 10 l Wein wird 0,5–5 g Gelatine verwendet (flüssige Gelatine je nach Konzentration umrechnen, z. B. 20%ige das 5fache).

Da Gelatine den Wein auch entfärbt, sollte für Rotweine nicht mehr als 1 g je 10 l verwendet werden. Für Tortengüsse usw. wird auch rot gefärbte Gelatine angeboten, aber auch damit läßt sich die Entfärbung nicht vermeiden – außerdem ist diese Spielart nach dem Weingesetz verboten!

Negativ geladene Schönungsmittel werden dagegen eingesetzt, wenn eine Trübung durch Eiweiß (positiv geladen) hervorgerufen wird. Weil Eiweiß und Gerbstoffe sich gegenseitig ausschönen, wird diese Erscheinung nur bei Weinen zu beobachten sein, die wenig Gerbstoffe aufgenommen haben, also kaum bei Maischegärung. Als Schönungsmittel dieser Art kommen in Frage:

Agar-Agar: Gewonnen aus ostasiatischen Algen. Das Weingesetz sieht dieses Schönungsmittel nicht vor, jedoch die Verordnung zum Weingesetz 1930 für weinähnliche Getränke. Bei Hagebuttenwein kann ein Einsatz von 0,5–2 g je 10 l nötig sein. Anwendung: Im Wasser vorquellen lassen, aufkochen und siedend in den Wein einrühren.

Tannin: Dies ist ein Gerbstoff, womit über die Wirkungsweise schon fast alles gesagt ist. Wird insbesondere zusammen mit Gelatine verwendet, zulässig bis 1 g je 10 l. Tannin in einer kleinen Menge Wein auflösen und in die Gesamtmenge einrühren.

Kieselsol: Milchige Flüssigkeit, die in Konzentrationen von 15% angeboten wird, bis 20 ml je 10 l einsetzen. Bei anderen Konzentrationen (auch 30%) entsprechend umrechnen. Kieselsol wird direkt in den Wein eingerührt. Auch Kieselsol wird meist zusammen mit Gelatine verwendet.

Bentonit: Der Bentonit wird heute fast ausschließlich zur Eiweißentfernung verwendet. Bei diesem Stoff handelt es sich um Mineralien vulkanischen Ursprungs. Eingesetzt werden 5 bis 50 g Bentonit je 10 l, die in etwas Wasser (der 5–10fachen Menge) verquollen werden. Einige Stunden absitzen lassen, das nicht aufgenommene Wasser dann abgießen und den Bentonit-Brei mit etwas Wein anrühren und in den Wein einrühren.

Bentonit ist ein höchst wirksames Mittel, um Eiweiß aus Weinen zu entfernen, läßt aber auch sonst Wein nicht ganz unverändert. Die Weinwirtschaft verwendet Bentonit praktisch bei jedem Weißwein, vorsorg-

Im folgenden einige typische Schönungen:

Weinart	**Schönungsmittel je 10 l Wein**
Weißweine	5–50 g Bentonit nach Vorversuch 0,5 g Tannin + 1 g Gelatine 2,5–5 ml Kieselsol + ¼–½ g Gelatine
Rotwein	0,5–5 g Gelatine Hühnereiweiß wie beschrieben
Apfelmost	1–2 g Gelatine + 10–20 ml Kieselsol
Birnenmost	1–4 g Gelatine
Rhabarber Hagebutten Stachelbeeren	0,5–1 g Agar-Agar
Schlehen	1–3 g Gelatine + 10–20 ml Kieselsol
Honigwein	10–15 ml Kieselsol
Johannisbeeren (rot)	0,5–1 g Gelatine + 5–10 ml Kieselsol
Süßkirschen	0,5–1 g Gelatine + 5–10 ml Kieselsol
Mirabellen Zwetschgen Pfirsiche Aprikosen	1–2 g Gelatine + 10–20 ml Kieselsol

lich schon beim Most, um spätere Eiweißtrübungen zu verhindern.

Zur sogenannten „Flugschönung“, die der vollständigen Klärung der Weine dient, wird im allgemeinen eine Kombination verschiedener Schönungsmittel verwendet. Diese – verschieden geladenen – Schönungsmittel ziehen sich gegenseitig an, ballen sich zusammen, wobei die Trubteile umschlossen werden, und dann sinkt dieses neu entstandene, größere und schwerere Gebilde zu Boden.

Gebräuchliche Kombinationen sind:

Tannin-Gelatine 1:2: Zuerst Tannin wie beschrieben zusetzen, dann einen Tag später die Gelatine.

Kieselsol-Gelatine 10:1 (bei 15%-Kieselsol): Zuerst Kieselsol, anschließend Gelatine zusetzen.

Die Kombination mit Kieselsol wirkt im allgemeinen sicherer, aber Tannin erscheint weingemäßer, weniger als Fremdstoff.

Die nach der Tabelle (s. Seite 105) geschätzte oder im Vorversuch ermittelte Schönungsmittelmenge wird entsprechend der Weinmenge (bei 60 l das 6fache) multipliziert und die Schönung durchgeführt. Nach etwa 14 Tagen müßte der Wein klar sein, es kann abgestochen und normal weiter verfahren werden.

Vollständige Sicherheit über die Wahl des richtigen Schönungsmittels erreicht man erst durch **den Vorversuch,** die praktische Erprobung unter Kellerbedingungen.

Am einfachsten und zuverlässigsten überläßt man dies einem Weinlabor (s. Anhang). Dazu wird eine Probe des zu klärenden Weines entnommen. Wichtig ist, daß es sich um eine Durchschnittsprobe handelt, daher nicht einfach vom Faßhahn abzapfen, sondern mit einem Schlauch aus der Faßmitte entnehmen. Je nach Labor genügt eine Menge von etwa 200 cm³, gefüllt in eine 0,33-l-Flasche. Die Flasche muß mit einem Etikett versehen werden mit folgenden Angaben:

- Name
- Adresse
- Art/Sorte der verarbeiteten Früchte
- Weinmenge (so genau wie möglich)
- bisherige Behandlungen (Anreicherung, Entsäuerung, Abstiche, Schönungen, Filtrationen).

Wer ein Kellerprotokoll nach unserem Muster (Seite 54) führt, legt am besten eine Kopie davon bei.

Wer die Schönung ohne Hilfe eines Weinlabors durchführen will, muß erheblich mehr Zeit aufwenden:

1. Anhand der Beschreibung der Wirkung der Schönungsmittel werden die in Frage kommenden Schönungsmittel abgegrenzt.
2. Wie für das Weinlabor ist eine Probe zu entnehmen.
3. In mehrere Zylinder (oder hohe Gläser) werden je 100 cm³ Wein gefüllt.
4. 1 g des Schönungsmittels wird in 1 l Wasser gelöst.
5. Je nach empfohlener Menge (Beispiel: 15–30 g/hl = 1,5–3 g/10 l) werden z. B. 15, 20, 25, 30 cm³ der Schönungsmittellösung zu dem Wein gegeben.
6. Erweist sich nun (nach Ablauf von einigen Tagen), daß die Menge von z. B. 20 cm³ zum besten Ergebnis führt, so wird die Schönung mit 2 g Schönungsmittel auf 10 l Wein durchgeführt.

Dieser Versuch muß unbedingt unter Kellerbedingungen durchgeführt werden. Die Mengenangaben müssen peinlich genau eingehalten werden.

Aktivkohlebehandlung

Neben der Filtration und der Schönung empfiehlt sich als weitere Methode zur Beseitigung von Schädigungen eine Behandlung mit Aktivkohle.
Die Aktivkohle ähnelt in Wirkung und Anwendung den Schönungsmitteln sehr.
Gewonnen wird dieses Weinbehandlungsmittel durch Reinigung von Holz- oder Knochenkohle. Die Wirkung beruht darauf, daß diese Kohle sehr porös ist und daher eine sehr große Oberfläche hat. Dadurch kann Aktivkohle störende Stoffe anlagern und damit dem Wein entziehen.
Je nach der überwiegenden Wirkung unterscheidet man **G**-Kohle (beseitigt vorrangig **G**eschmacksfehler) und **F**-Kohle (beseitigt vorrangig **F**arbfehler).
Kohle ist ein höchst wirksames Weinbehandlungsmittel, sie beeinflußt aber gerade wegen der hohen Wirksamkeit auch Stoffe, die gar nicht Ziel der Behandlung sind und kann daher die Weinqualität sogar verschlechtern. Aktivkohle sollte daher nur eingesetzt werden, wenn dies unumgänglich ist. Die Menge muß sorgfältig im Vorversuch (wie bei Schönungsmitteln) ermittelt werden.
Auch eine EG-Verordnung soll einen äußerst sparsamen Einsatz der Aktivkohle sicherstellen: Die Menge ist neuerdings auf 1 g/10 l bei Wein (bei Most und Jungwein auf 10 g/10 l) beschränkt, weit weniger, als in der Literatur bis dahin empfohlen und in der Praxis verwendet wurde. Unter Umständen lassen sich die negativen Auswirkungen einer Aktivkohlebehandlung durch eine Umgärung mit Hefe, 250 g Zucker und 5 g Hefenährsatz je 10 l beseitigen.
Die Aktivkohle wird in wenig Wein angerührt und dann in die Gesamtmenge eingerührt. Es wird 15 Minuten umgerührt und nach 3–4 Tagen abgestochen. Es kann eine Flugschönung angeschlossen oder auch filtriert werden.

Behandlung von Metalltrübungen

Wie mehrfach erwähnt, darf der Wein nicht mit blankem Eisen, Kupfer, Messing und Zink in Berührung kommen, Schädigungen sind unausweichlich die Folge.
Diese Bedingung ist verhältnismäßig leicht durch Verwendung geeigneter Geräte zu erfüllen, Metalltrübungen sollten daher eigentlich kein Thema sein.
Haben Weine einen erhöhten Metall-Gehalt, so äußert sich dies im allgemeinen durch Auftretung einer Trübung, darüber hinaus auch durch einen bitteren Beigeschmack.
Kupfergehalt führt zu einer weißlich-rötlichen Trübung, die als feiner Trub ausfällt.
Eisengehalt führt entweder zum Weißen Bruch (auch Grauer Bruch genannt), einer schleierartigen grau-weißen Trübung oder zum Schwarzen Bruch (auch Schwarzwerden genannt): Läßt man Wein an der Luft stehen, so verfärbt er sich von oben her bläulich bis bläulichschwarz. Auch **Zink** kann zum Schwarzwerden führen. Gegen al-

le Metalltrübungen hilft nur eine Behandlung mit gelbem Blutlaugensalz*, die „Blauschönung“. Da hier die giftige Blausäure entstehen kann, muß die Schönungsmittelmenge in diesem Fall unbedingt vom Weinlabor ermittelt werden.

Keinesfalls selbst experimentieren!

Wie beschrieben, wird eine Probe entnommen (sorgfältig arbeiten!) und an das Labor geschickt.
Das Labor wird die genau abgewogene Menge des Blutlaugensalzes schicken, dieses wird in etwa der fünffachen Menge Wasser gelöst und in den Wein eingerührt. Auf gute Verteilung achten! Nach einigen Tagen wird der Wein klar sein. Nach 2–3 Wochen wird abgestochen (wichtig, weil der Blautrub sich zersetzen kann), der Trub kann, sofern die Menge es lohnt, filtriert werden.
Es ist vorteilhaft, die Blauschönung mit einer Tannin-Gelatine- oder Gelatine-Kieselsol-Schönung zu verbinden, da zum einen beide die Wirkung der Blauschönung erhöhen, zum anderen in einem Zug der Bereich „Schönung“ erledigt werden kann.

Brauner Bruch

(Braunwerden, Rahnwerden)

Beim Braunen Bruch nimmt der Wein einen schmutzig-braunen Farbton an. Am deutlichsten tritt dies in Erscheinung, wenn Wein offen an der Luft stehen bleibt. Nicht nur die Farbe verändert sich: Der Wein schmeckt wie Sherry und riecht nach Dörrobst.

---

* *chemisch: Kaliumhexazyanoferrat (II)* $K_4 [Fe(CN)_6]$

Ausgelöst wird die Veränderung durch Oxidationen, die von einem speziellen Enzym, der Oxidase, gesteuert werden. Diese Oxidasen kommen verstärkt in faulem Obst vor, die beste Vorkehrung ist also, kein überreifes Obst zu verwenden.
Ein hoher Gerbstoffgehalt begünstigt die Oxidation, frühes Abpressen kann das Braunwerden verhindern. Hoher Metallgehalt fördert ebenfalls diesen Fehler – ein weiteres Argument für eine metallfreie Weinbereitung.
Auch eine maßvolle Schwefelung beugt gegen das Braunwerden vor.
Zur Beseitigung kommen mehrere Maßnahmen in Frage:

- Schwefeln mit 1–2 g KD auf 10 l
- Behandlung mit 1–3 g Aktivkohle je 10 l
- Hefeschönung mit ½–1 l je 10 l.

Letztere scheint die beste Lösung zu sein. Die Hefe wird in den Wein eingerührt, mehrmals umgerührt, nach einer Woche wird abgestochen. Es wird eine Hefe verwendet, die beim Abstich eines gesunden, säurereichen Weines gewonnen wurde. Die im Most enthaltenen Schleimstoffe sollten durch Vorklären schon abgetrennt worden sein. Leider ist die Hefeschönung nur in der Zeit des ersten Abstiches möglich, weil nur dann Hefe zur Verfügung steht.
Die Hefezellen entfernen unerwünschte Farbstoffe und auch Geschmacksstoffe.

Behandlung des Böcksergeschmacks

Der Wein bleibt klar, riecht aber nach Schwefelwasserstoff, also dem Geruch fauler Eier. Der Schwefelwasserstoff wird von der Hefe aus dem Schwefel

gebildet. Diese Entwicklung wird begünstigt durch
- starke Düngung der Weinberge
- Schwefeln in die Gärung
- Schwefelreste im Faß durch Einbrennen mit Schwefelschnitten
- zu späten Abstich.

Wird der Böckser frühzeitig erkannt, so ist die Beseitigung noch einfach:

Der Wein wird unter starker Belüftung (ausnahmsweise!) abgestochen und mäßig geschwefelt (1 g je 10 l).

Auch eine Behandlung mit 0,5 g KD und 0,5 g Askorbinsäure (je 10 l) ist zu empfehlen.

Ein zu spät erkannter „verhockter" Böckser erfordert erheblich mehr Aufwand:

Dem Abstich unter Luft muß eine Aktivkohlebehandlung folgen, wobei die zulässige Höchstmenge von 1 g je 10 l kaum reicht. Mengen bis 4 g können nötig sein. Diese Menge ist noch bei Jungwein erlaubt.

Das einige Zeit lang bei Böcksern verwendete Silberchlorid ist nicht mehr zugelassen, dafür darf neuerdings Kupfersulfat eingesetzt werden. Die Berechnung ist Sache eines Weinlabors.

Luftgeschmack

Wird Wein nicht spundvoll gelagert, so stellt sich ein Geruch ein nach Azetaldehyd, ähnlich dem Geruch von Uhu-Klebstoff. Der Azetaldehyd entsteht aus dem Alkohol.

Eine besondere Behandlung ist zum Glück nicht notwendig. Der Wein muß nur spundvoll gehalten und leicht geschwefelt werden (0,5 g je 10 l). Noch besser ist es, den Wein sofort durch Schönen abfüllfertig zu machen. Nach einigen Wochen Lagerung auf der Flasche ist der Luftgeschmack verschwunden.

In schweren Fällen hilft auch ein Verschnitt mit einem jungen Wein.

Firngeschmack

Die vielbesungenen „goldenen Weine" früherer Zeiten waren alle mehr oder weniger stark firn. Darunter versteht man eine durch Oxidationen hervorgerufene starke Veränderung des Geschmacksbildes, die vor allem nach häufigen Abstichen beobachtet wird. Ein zügiger Ausbau des Weines und eine nicht zu späte Abfüllung verhindert die Erscheinung zuverlässig.

Bei manchen Weinen ist die Erscheinung erwünscht, so bei Hagebuttenwein.

Schwefelgeschmack

Wein riecht wegen Überschwefelung stark nach SO_2. Es kann dann immer davon ausgegangen werden, daß der Wein nicht den Bestimmungen des Weingesetzes entspricht.

Beseitigung durch
- Abstich unter Luft (ohne Schwefel!)
- Verschneiden mit anderen Weinen.

Bei sorgfältiger Arbeit kann dieser Fehler kaum auftreten. KD unverwechselbar aufbewahren! Beschriften!

Andere Geschmacksfehler

Die Kellerwirtschaft kennt noch eine Vielzahl von Geschmacksfehlern, die unter den verschiedensten Bedingungen entstehen können.

Beispiele sind:
- Schimmelgeschmack (Schimmel in Behältern und Geräten)

- Faßgeschmack (schlecht gereinigte oder unbehandelte neue Fässer)
- Frostgeschmack (erfrorene Trauben)
- Rappengeschmack (Trauben gären vor Kelterung an)
- Styrol-Ton (Kunststoffässer nicht ausgehärtet)
- Rauchgeschmack (Rauch streicht über Weinberge).

In allen Fällen hilft eine Behandlung mit Aktivkohle. Die Menge muß jeweils durch einen Vorversuch ermittelt werden.

Krankheiten der Weine

Wie Krankheiten entstehen

Unter Krankheiten versteht man Schädigungen, die verursacht werden durch die Tätigkeiten von Bakterien, Hefen oder Schimmelpilzen. Dabei werden aus in Wein erwünschten Stoffen andere, unerwünschte gebildet, wobei der Geschmack, Geruch und das Aussehen des Weins bis hin zur Ungenießbarkeit, sich verändert.

Vorhanden sind diese Kleinstlebewesen schon an oder in den Trauben, oder sie kommen über infizierte Geräte und Behälter oder über die Luft in den Wein.

Vermeiden lassen sich Krankheiten weitgehend durch Pasteurisieren des Mostes. Dies ist aber für den Hobbykellerwirt kaum möglich und wird wegen der Zerstörung aller – nicht nur der schädlichen – Kleinstlebewesen auch nicht wünschenswert sein.

Alle Krankheiten werden begünstigt durch geringen Alkohol- und Säuregehalt.

Die anschließend dargestellten Maßnahmen zur Bekämpfung von Krankheiten werden immer sinnvoll ergänzt durch eine anschließende Umgärung. Dazu werden jeweils auf 10 l 300 g Zucker und 4 g Hefenährsalz sowie Reinzuchthefe, eventuell die massiv einsetzbare Trockenhefe, zugesetzt.

Diese Umgärung verbessert das Geschmacksbild, und zum anderen erhöht sich der Alkoholgehalt um etwa 1½%, was die Widerstandskraft des Weines gegen ein Wiederauftreten der Krankheit vergrößert.

Einziger Schönheitsfehler: Das Weingesetz läßt Umgärungen nur eingeschränkt zu (s. Seite 88).

Der Essigstich

Essigstichiger Wein kratzt am Gaumen, schmeckt rauh und riecht nach Essig. Auf der Oberfläche bildet sich eine erst dünne, später dicker werdende speckige Schicht, die Essigmutter.

Essigsäure entsteht bei jeder Gärung in geringem Maß, ohne daß dies dem Wein schadet. Erst wenn sich die essigbildenden Bakterien entsprechend vermehren, wird es gefährlich. Diese Bakterien bewirken, daß aus Alkohol über mehrere Zwischenstufen schließlich Essigsäure entsteht*. Dazu aber wird

* *chemische Gleichung im Anhang*

Verkorken
Der Wein ist fertig. Die Flaschen werden verkorkt und etikettiert.

Sauerstoff benötigt – ein weiterer Grund, auf Luftabschluß zu achten.

Begünstigt wird die Essigbildung, wenn

- die Trauben nicht sofort nach der Lese gekeltert werden
- bei hohen Temperaturen gekeltert, vergoren und ausgebaut wird
- nicht geschwefelt wird
- kein Gärstarter verwendet wird
- unter Luft abgestochen wird
- nicht spundvoll gelagert wird
- nicht auf peinlichste Sauberkeit geachtet wird.

Wenn dennoch Essigstich auftritt, so gibt es leider kein Mittel, ihn wieder zu beseitigen. Eine Kalkentsäuerung ist gänzlich sinnlos: Der Kalk bildet mit der Essigsäure nur Salze, die löslich sind, daher nicht wie etwa weinsaures Kalzium ausfallen. Zudem führt der Versuch einer Essigsäure-Bindung mit Kalk dazu, daß die übrigen Säuren entfernt werden. Wegen der dann fehlenden Schutzwirkung durch diese Säuren wird der Wein erst recht anfällig für Schädigungen.

Man kann nur die Essigbildung so frühzeitig stoppen, daß der Wein noch genießbar bleibt. Die einzige sichere Maßnahme dazu ist eine Erhitzung auf 70 °C und sehr starke Schwefelung (2 g je 10 l). Die Erhitzung ist immer nur schwierig durchzuführen. Kleinere Mengen lassen sich in einem emaillierten Eisentopf, in einem Edelstahltopf oder in einem Aluminiumtopf erhitzen. Für größere Mengen wäre ein „Plattenapparat“ notwendig, den sich der Hobbykellerwirt kaum anschaffen wird; Tauchsieder helfen wenig, da ihre Leistung zu gering ist, um die Temperatur von 70 °C schnell genug zu erreichen.

Der Wein wird bei solchen unzulänglichen technischen Gegebenheiten unter der Erwärmung so leiden, daß guten Gewissens nur empfohlen werden kann, den befallenen Wein stark zu schwefeln und dann sehr schnell zu verbrauchen, bevor er ganz ungenießbar wird. Ein Verschnitt mit einem gesunden Wein ist denkbar, es wäre aber schade um den gesunden Wein.

Der Essigstich ist der größte Feind des Weines; man sollte ihn mit allen kellertechnischen Möglichkeiten zu verhindern suchen.

Wein trinken – Wein verproben
Wenn die Rotweinflasche in einem Dekantierkörbchen liegt, ist gewährleistet, daß beim Einschenken nur der klare Wein in das Glas gelangt, die Ablagerungen bleiben in der Flasche zurück. Im Vordergrund ein sehr einfacher, aber mustergültig ausgebildeter Korkenzieher.

Kahmigwerden

Dies ist die wohl häufigste Weinkrankheit, hervorgerufen durch Hefen, die insbesondere den Alkohol, aber auch andere Weinbestandteile (Glyzerin, Mineralstoffe) angreifen. Dabei entstehen unter anderem Kohlensäure und Wasser, Azetaldehyd oder Essigsäure.

Typisch für das Kahmigwerden ist, daß sich eine faltige Decke bildet, die bis zu 1 cm dick werden kann. Bei Erschütterung sinkt die Decke zu Boden, um sich sogleich neu zu bilden.

Kahmhefe findet sich in jedem Wein, entwickelt sich jedoch nur, wenn Sauerstoff vorhanden ist. Im spundvollen Gebinde ist Kahmhefe nicht denkbar.

Das Kahmigwerden verschlechtert das Geschmacksbild des Weines nachhaltig, zudem wird der Wein wegen des Abbaues des Alkohols und der Säuren anfällig gegen andere Krankheiten.
Leider hilft Schwefel nur bedingt, auch die „Selbstschwefler" (Zapfspund mit KD-Füllung) oder das Abbrennen von Schwefelschnitten im Luftraum hilft wenig, weil die Kahmhefen wenig schwefelempfindlich sind. In Weinen ab 13 % Alkohol tritt Kahm nicht mehr auf.
Fast vollständiger Schutz läßt sich aber erreichen durch

- Spundvoll halten
- hohen Alkoholgehalt
- frühe Flaschenfüllung.

Besonders gefährdet sind folglich Obstweine, die vom Faß gezapft werden!
Ist das Malheur passiert, muß der Wein so vorsichtig abgelassen werden, daß die Decke im Behälter bleibt. Es wird mit 1 g KD je 10 l geschwefelt. Jetzt unbedingt spundvoll halten (kleineres Faß verwenden)! Durch Schönung muß der Wein schnell abfüllreif gemacht werden. Einen starken Beigeschmack kann man durch Aktivkohle mindern.
Auch hier ist es am besten, den Wein schnell zu verbrauchen, ehe die Krankheit fortschreitet.

Milchsäurestich

Der Milchsäurestich entsteht durch Umwandlung von Kohlenhydraten, insbesondere Zucker, in Milchsäure und flüchtige Säuren. Der Vorgang ist nicht mit der Milchsäuregärung zu verwechseln.
Bei der Milchsäuregärung wird nämlich Apfelsäure abgebaut, weshalb hierfür der Begriff „biologischer Säureabbau" gebräuchlich ist.
Der Milchsäurestich entwickelt sich schon ausgangs der alkoholischen Gärung.
Erkennbar ist der Milchsäurestich an einem kratzenden, an Sauerkraut (Sauerkraut ist ein Ergebnis einer verwandten Form der Milchsäuregärung) erinnernden Geschmack. Auffallend ist der starke Anstieg des Säuregehaltes.
Verhütung und Bekämpfung dieser Krankheit ist identisch mit dem im Abschnitt Essigstich dargestellten Vorgehen.
Eng verwandt, vielleicht identisch mit den Bakterien, die den Milchsäurestich auslösen, sind die für den **Mannitton** und das **Mäuseln** verantwortlichen Bakterien. Die Zusammenhänge sind noch kaum geklärt, jedoch kann davon ausgegangen werden, daß Verhütung und Bekämpfung dem Vorgehen bei Milchsäurestich entsprechen.

Zähwerden

Weine werden dickflüssig, ölig und schließlich ziehen sie Fäden beim Umgießen.
Ausgelöst wird dieses Zähwerden vermutlich ebenfalls durch Bakterien. Dabei wird diese Krankheit durch folgende Ursachen noch gefördert

- wenig Säure (Säureabbau)
- wenig Gerbstoffe
- wenig Luftberührung (!)
- Restzucker (umstritten)
- ungenügende Schwefelung
- später Abstich.

Schwefeln, mit Schneebesen durchrühren und mit sehr viel Luft abstechen, wird zumeist genügen.

In schweren Fällen wird eine Bentonitschönung (bis 30 g je 10 l) zum Erfolg führen.

In Württemberg hält sich hartnäckig das Gerücht, daß das Zähwerden des schwäbischen Apfelmostes dadurch zu verhindern sei, daß etwas Wasser (1/10, ja bis zu 1/3) zum frisch gepreßten Most zugegeben wird. Dadurch wird freilich sowohl die Säure als auch das Mostgewicht vermindert, das Zähwerden somit eher begünstigt.

Bitterwerden

Weine schmecken bitter. Die Farbe verliert an Glanz oder geht ins bräunliche über, auch Trübungen werden beobachtet.

Die Erscheinung tritt vorwiegend in gerbstoffreichen Weinen, also Rotweinen auf, in Weißweinen dagegen kaum.

Vorbeugung:

- faule Früchte aussondern
- kürzere Maischegärung
- genügend schwefeln
- luftfrei arbeiten.

Beseitigt wird der Bitterton nur durch Aktivkohle in hoher Dosierung (bis 25 g/10 l). Abstechen und Schwefeln verhindert ein weiteres Fortschreiten der Schädigung.

Die Breite, in der hier Filtrationen, Schönungen und die Behandlung von Weinen mit Aktivkohle oder mit Wärme beschrieben wird, mag beim flüchtigen Lesen den Eindruck vermitteln, diese seien gewissermaßen alltäglich angewandte Methoden. Das mag in manchen Weinbaubetrieben (fast) so sein. Aber gerade der Hobbywinzer, der das, was er produziert ja selber trinken muß, wird wohl beraten sein, den eingangs erwähnten Grundsatz zu beachten, daß Vorbeugen, sprich sorgfältiges und sauberes Arbeiten, allemal besser ist als das nachträgliche Beseitigen von Fehlern, Mängeln und Krankheiten. Die in diesem Kapitel beschriebenen Maßnahmen sind nur berechtigt als allerletzte Notmaßnahme, dann, wenn einmal schon etwas schiefgegangen ist.

Fruchtweine

Besonderheiten bei der Fruchtweinbereitung

Weine aus Garten, Feld und Wald

Trauben sind sicherlich diejenigen Früchte, die am besten zur Weinbereitung geeignet sind; Mostgewicht und Säure kommen in günstigem Klima den Idealwerten nahe. Hinzu kommt noch, daß Weintrauben einen genügend großen Ertrag liefern und auch mit vertretbarem Aufwand angebaut und geerntet werden können.

Da aber Trauben hohe Anforderungen an Klima und Boden stellen, hat es schon immer Versuche gegeben, Wein aus allen denkbaren anderen Früchten, ja bei entsprechendem Zuckerzusatz sogar aus Blüten, Gemüsen und Wurzeln herzustellen.

Es gibt dazu unzählige Versuche. Besonders in Notzeiten wurden immer neue Möglichkeiten zur Herstellung von „Ersatzweinen" gefunden, wobei einige dieser „Ersatzweine" einen ganz eigenständigen Charakter haben, ja als Raritäten begeisterte Anhänger finden.

In einem Buch wie dem vorliegenden wird man immer nur eine Auswahl von gebräuchlichen Rezepten beschreiben können, darüber hinaus wird jeder selbst experimentieren können. Das theoretische Rüstzeug dazu soll dieses Buch liefern.

Das ist um so wichtiger, weil man zur Fruchtweinbereitung kaum Früchte speziell kaufen wird (allenfalls Marktrückstände, z. B. bei Erdbeeren), sondern eben all das verwendet, was der Garten oder auch die freie Natur an Verwertbarem bietet.

Die Weinbereitung aus Südfrüchten wird allenfalls in Frage kommen, wenn man vom Verderb bedrohte Ware günstig erstehen kann. Dann sollte man aber nur Dessertweine, keine Tischweine herstellen. Für kommerzielle Verwendung läßt im übrigen das Weingesetz die Weinbereitung aus Südfrüchten nicht zu.

Naßzuckerung nach genauer Berechnung

Mengenmäßig betrachtet stehen Trauben und Äpfel bei der Weinbereitung an der Spitze. Das kommt nicht von ungefähr: Diese Früchte ergeben auch „naturrein" ein mehr oder weniger schmackhaftes Getränk. Alle anderen Früchte eignen sich kaum zur Herstellung naturreiner Weine, zumeist liegt der Zuckergehalt erheblich unter und

der Säuregehalt erheblich über dem von Trauben. Erforderlich ist also zumeist eine Naßzuckerung.
Dazu sind einige Berechnungen notwendig.
Zunächst werden Säure und Mostgewicht eines Saftes mit Acidometer und Mostwaage festgestellt. Auch die Menge muß exakt ermittelt werden.
Jetzt kommt der **erste Rechenschritt.** Es wird errechnet, wieviel Zuckerwasser zugegeben werden muß, um den erwünschten Säuregehalt zu erreichen. Erwünscht sind 6 bis 10‰, wobei für Dessertweine wegen des höheren Alkoholgehaltes der niedrigere Wert möglich ist. Diese Berechnung erfolgt nach der Formel 1.
Würde man diese Menge als reines Wasser zugeben, so ergäbe sich ein neues Mostgewicht, das in einem ersten **Zwischenschritt** ermittelt wird (Formel 2):
Anhand von diesem Zwischenmostgewicht läßt sich in einem zweiten **Zwischenschritt** aus nebenstehender Tabelle der mögliche Alkoholgehalt ermitteln. (Diese Tabelle ist nicht identisch mit jener auf Seite 69, weil auch der zuckerfreie Extrakt vermindert wurde, somit ist bei gleichem Mostgewicht der Zuckergehalt in verdünntem Most höher!)

Alkoholgehalt von verdünnten Mosten

°Oe	Vol.%
15	1
22	2
29	3
35	4
41	5
46	6

Jetzt kann im **zweiten Rechenschritt** ermittelt werden, wieviel Zucker die Zuckerwasserlösung enthalten muß, um den gewünschten Alkoholgehalt zu erreichen:
Jedes fehlende Prozent erfordert eine Zugabe von 175 g Zucker je 10 l Gesamtmenge (Saft + Zuckerwasser).

Formel 1:

$$\text{Zuckerwasserzusatz} = \text{Saftmenge} \times \frac{\text{gemessene Säure} - \text{gewünschte Säure}}{\text{gewünschte Säure}}$$

Formel 2:

$$\text{Mostgewicht nach Wasserzugabe} = \frac{\text{ursprüngliche Saftmenge} \times \text{ursprüngliches Mostgewicht}}{\text{Saftmenge} + \text{Zusatzmenge}}$$

Wichtig: Wasser + Zucker müssen die in Schritt 1 ermittelte Menge ergeben! Wenn die Zuckerzugabe (in g) mit 0,62 multipliziert wird, so ergibt sich der Rauminhalt der Zuckermenge in ccm. Der Unterschied zur Menge nach Schritt 1 wird als Wasser zugegeben.

Ein **Beispiel** zur Verdeutlichung:
5 l Sauerkirschsaft mit 20‰ Säure und 55°Oe soll zu einem Dessertwein mit 8‰ Säure und 14% Alkohol verarbeitet werden.

Schritt 1: Berechnung der Zuckerwassermenge

$$5\,l \times \frac{20-8}{8} = 7{,}5\,l$$

Zwischenschritt: Berechnung des Zwischenmostgewichtes

$$\frac{5\,l \times 55°Oe}{5\,l + 7{,}5\,l} = 22°Oe$$

Zwischenschritt: Alkoholgehalt ohne Zuckerzusatz
laut Tabelle: 2%

Schritt 2: Berechnung der Zuckermengen
Es muß angereichert werden um 14 – 2 = 12%
das gibt: 12 × 175 g = 2100 g für 10 l
Für die 5 + 7,5 = 12,5 l also 2100 × 1,25 = 2625 g

Ergebnis: Zu den 5 l Kirschsaft muß also 7,5 l Zuckerwasser gegeben werden, das 2,625 kg Zucker enthält. Da 2,625 kg Zucker einen Raum von rund 1,6 l (2,625 × 0,62) einnehmen, müssen also zur Zuckerwasserlösung 7,5 – 1,6 = 5,9 l Wasser verwendet werden.

Zum Maß der Anreicherung: Bei Fruchtweinen unterscheidet man **Tischweine** mit 8–10% und **Dessertweine** mit mindestens 13% Alkohol. Dessertweine können bei entsprechender Zuckerung und Verwendung von alkoholverträglichen Heferassen („Portwein“, „Sherry“, „Malaga“) bis 18% Alkohol enthalten und auch noch unvergorenen Restzucker.
Ansonsten hängt der anzustrebende Alkoholgehalt ab von der verarbeiteten Frucht und vom Geschmack des Einzelnen.

Naßzuckerung nach Durchschnittswerten

Um hier die Rechenarbeit teilweise zu ersparen, gibt die folgende Tabelle einige Mischungsverhältnisse an, die bei einer den Durchschnittswerten entsprechenden Zusammensetzung der Säfte einen schmackhaften und haltbaren Wein gewährleisten. Diese Tabelle ist jedoch nicht mehr gültig, wenn die Säurewerte und Mostgewichte der Früchte vom Durchschnitt wesentlich abweichen. Eine genaue Berechnung ist immer der sicherste Weg!
Zur Anwendung der Tabelle:
- Sind die Namen der Früchte mit Klammern versehen, so gilt Weinbereitung aus dieser Frucht als nicht empfehlenswert.
- Die Früchtemenge ist so angegeben, daß bei mittlerer Ausbeute der daraus gewonnene Saft mit der empfohlenen Zuckerwassermenge zusammen 10 l ergibt.
- Es wird die Zuckerwassermenge angegeben, also die Menge, die Zucker und Wasser zusammen ergeben.

- Zucker immer in heißem Wasser auflösen. Wenn nicht im einzelnen anders empfohlen, nach Abkühlung auf 20 °C zum Fruchtansatz geben.
- Die Zuckermenge soll einen Anhaltspunkt geben, wie bei mittlerem Zuckergehalt der Früchte ein Tischwein (9 %) oder ein Dessertwein (15 %) erzeugt werden kann. Der untere Wert sollte unbedingt erreicht werden, für abweichende Werte ist zu beachten, daß für 1 % Alkohol 175 g Zucker je 10 l zugesetzt werden müssen.
- Wenn der Wert für Tischwein in Klammer gesetzt ist, so wird dieser Wert zwar angegeben, empfohlen wird aber nur die Herstellung von Dessertwein ab 13 %.
- Den Zucker stufenweise zugeben, zumindest bei Dessertweinen in drei Stufen, damit die Hefe nicht durch **zuviel** Zucker in ihrer Tätigkeit gehemmt wird.
- Die Hälfte der empfohlenen Säure sollte schon nach dem Maischen beigegeben werden, um die Anfälligkeit gegen Krankheiten herabzusetzen. Die Feineinstellung auf 6–8 ‰ kann dann beim ersten Abstich erfolgen (15 g Milchsäure je 10 l erhöhen den Säuregehalt um 1 g/l).
- Von Natur aus oder durch Verdünnung stickstoffarme Weine benötigen die angegebene Nährsalzmenge.
- Pektinspaltende Enzyme (Kitzinger Antigel) erleichtern die Entsaftung oder machen sie bei einigen Früchten erst möglich.
- Die Maischegärung sollte wegen der Krankheitsgefahr nicht zu sehr ausgedehnt werden, vor allem geschädigte Früchte sollten etwas früher entsaftet werden. Ganz verzichtet werden kann aber auf die Maischegärung nicht, weil nur so ein guter Farb- und Extraktgehalt erreicht werden kann.
- ⅓–½ der Menge des Zuckerwassers kann schon vor der Gärung zur Maische gegeben werden, der so entstehende Alkohol schützt vor Krankheiten.

Ansonsten wird wie bei der Traubenweinherstellung vorgegangen, insbesondere sei erinnert:

- Anstellhefe einige Tage vor dem Maischen bereiten, immer Reinzuchthefe verwenden
- Blätter und Stiele bei Maischegärung entfernen
- Maische mit 1–2 g KD/10 l schwefeln
- Gärspund verwenden
- Gärtemperatur im allgemeinen 15–20 °C
- nach Ende der Gärung abstechen, schwefeln mit ½ g je 10 l
- nach 3–4 Monaten erneut abstechen
- schwefeln auf 25 mg/l.

Vor der Flaschenfüllung muß der Wein geschmacklich beurteilt werden: Jetzt kann auch die Restsüße noch durch Zuckerzusatz korrigiert werden. Bei Dessertweinen ist eine Nachgärung nicht zu befürchten, weil der Alkohol genügend Desinfektionswirkung entfaltet. Tischweine werden durch Nachsüßen instabil, lieber „trocken“ belassen. Wenn Tischweine doch nachgesüßt werden: schnell verbrauchen.

Schutz gegen erneute Gärung nach dem Nachsüßen bietet das Pasteurisieren: Im Wasserbad werden die gefüll-

Mischungsverhältnisse bei verschiedenen Fruchtweinen (für 10 l Wein)

	Früchte kg	Zuckerwasser l	davon Zucker (kg) 9 %	15 %	Milchsäure g	Nährsalze g	Enzym g	Maischegärung Tage
Sauerkirschen	7	5	1,0	2,0	–	–	–	2–4
Süßkirschen	13	–	(0,5)	1,5	30	–	–	2–4
(Mirabellen)*	8	5	1,0	2,0	30	–	20	7
(Aprikosen)	7	6	1,2	2,2	30	2	20	14
(Pfirsiche)	15	2	1,2	2,2	30	–	10	7
(Pflaumen)	8	5	1,2	2,2	30	–	20	7
(Zwetschgen)	8	5	1,0	2,0	30	–	20	7
Hagebutten	3	9	(1,5)	2,5	40	4	–	8–10
Erdbeeren I	7	5	(1,2)	2,2	30	2	20	1–2
Erdbeeren II	13	–	(1,0)	2,0	–	–	20	3–4
Schlehen	6	7	1,3	2,3	–	2	10	8–10
Johannisbeeren								
rot	5	6	1,2	2,2	–	2	–	3–4
schwarz	4	7	(1,3)	2,3	–	2	10	2–3
weiß	5	6	1,1	2,1	–	2	–	–
Stachelbeeren	7	5	(1,1)	2,1	–	2	10	2–3
Heidelbeeren	7	5	1,2	2,2	20	4	–	1–2
Brombeeren	7	5	(1,2)	2,2	–	–	–	2–3
(Himbeeren)	7	5	(1,2)	2,2	–	–	–	3–4
(Holunderbeeren)	6	6	1,4	2,4	30	2	–	2–3
(Bananen)	3	9	(1,4)	2,4	50	3	10	7–14
(Orangen) I	8	5	(1,0)	2,0	30	–	–	–
(Orangen) II	15	–	(0,5)	1,5	–	–	–	–
(Ananas) I	7	5	(1,0)	2,0	40	–	–	–
(Ananas) II	13	–	(0,5)	1,5	–	–	–	–
Honigweine	3	8	davon 1 l Fruchtsaft		40	4	–	–
Rhabarber	5	6	(1,4)	2,5	20	3	–	3–4
Blütenweine	1	10	1,5	2,5	80	4	–	14
Gemüseweine	5	7–9	1,5	2,5	80	4	20	7–14
Kernobst	13	–	0,5	1,5	–	–	–	–

Kernobst wird im allgemeinen naturrein gegoren, für Dessertweine Trockenzuckerung.

* *Die in Klammern gesetzten Früchte sind für die Weinbereitung nur bedingt zu empfehlen.*

ten, aber nicht verkorkten Flaschen bei Tischwein auf 55–60 °C, bei Dessertwein auf 45–50 °C erwärmt. Diese Temperaturen genügen, weil der Alkohol, kombiniert mit Wärme, die Bakterien und Hefen zuverlässig abtötet. Dann werden die noch warmen Flaschen verkorkt.

Besonderheiten, die bei den einzelnen Früchten zu beachten sind, werden anschließend im einzelnen beschrieben.

Weine aus Kernobst

Apfelwein

Abgesehen von den Trauben ist der Apfel die Frucht, die am verbreitetsten zur Weinbereitung verwendet wird. Bekannt sind der hessische Äppelwoi und der schwäbische Moscht, und der Cidre der Normandie. Bis vor zwei, drei Jahrzehnten war in diesen klassischen Apfelweingegenden dieses Getränk das Hauptgetränk vieler Haushalte.

Während dann im Zeichen des Wohlstandes die Apfelweinbereitung sehr zurückging, findet in den letzten Jahren eine buchstäbliche Renaissance dieses Getränkes statt, leider werden dazu die Erkenntnisse der modernen Kellertechnik bisher nur sehr wenig verwertet.

Bei der Apfelweinbereitung ist besonders zu beachten:

Apfelwein kann aus allen Apfelsorten hergestellt werden, allerdings können Tafeläpfel weniger Saftanteil, geringeres Mostgewicht und geringere Säurewerte haben. Am besten ist ein Verschnitt verschiedener Sorten, was sich in der Praxis – Verwendung von nicht anderweitig verwertbarem Obst – von Hause aus ergeben wird. Es kann durchaus auch (wenig angefaultes) Fallobst verwendet werden; auch kann man die Äpfel schütteln, braucht sie also nicht zu pflücken.

Nach der Ernte sollten die Äpfel nicht sofort verarbeitet werden, sondern besser einige Tage liegen bleiben, dazu Säcke öffnen. In dieser Zeit wird noch ein guter Teil der Stärke in Zucker umgewandelt, wodurch das Mostgewicht um einige Oechslegrade ansteigen kann.

Eine Verarbeitung ist nur mit Mühle und Presse möglich, es kann nicht improvisiert werden. Die Arbeit mit Handgeräten ist sehr mühsam, Äpfel geben ihren Saft wesentlich schwerer ab als Trauben. Wenn möglich, sollte diese Arbeit im Lohnbetrieb (Mosterei) erledigt werden, da die dort verwendeten elektrischen Mühlen und die hydraulischen Packpressen nicht nur die Arbeit wesentlich erleichtern, sondern auch eine erheblich bessere Ausbeute ergeben.

Außerhalb der traditionellen Obstweingebiete wird man allerdings mit eigenem und zumeist weniger komfortablem Gerät arbeiten müssen. Dann kann so vorgegangen werden: Die Äpfel werden in kaltem Wasser gewaschen, dann mit der Obstmühle (Mixer, Stampfer, Fleischwolf sind nicht geeignet) gemahlen.

Die Maische muß sofort, spätestens nach wenigen Stunden abgepreßt werden, da sie sofort oxidiert, auch wenn KD aufgestreut wird. Packpressen arbeiten so wirkungsvoll, daß eine Pressung genügt, spindelgetriebene Korbpressen dagegen erfordern einen zweiten Arbeitsgang: Der Trester wird nach der ersten Pressung wieder zerkrümelt und je 10 kg mit 1 l Wasser versetzt. Es wird mit 1 g/10 l Maische geschwefelt und einige Stunden – eventuell über Nacht – stehen gelassen. Dann wird erneut abgepreßt.

Im traditionellen Verfahren wird der Most jetzt in ein Faß gegeben und sich selbst überlassen. Vielfach wird das Faß spundvoll gefüllt „damit der Dreck herauskommt“. Ab Weihnachten wird direkt vom Faß gezapft, ohne vorherigen Abstich.

Auch ein Apfelsaft, der nach diesem traditionellen Brauch sich selbst überlassen wird, kommt in Gärung (zumeist jedenfalls) und wird zu Apfelwein, mitunter zu einem recht ordentlichen Apfelwein. Trotzdem sei dringend empfohlen, die bei der Traubenweinherstellung gewonnenen kellerwirtschaftlichen Erkenntnisse auch beim Apfelwein zu beachten. Besonders wichtig sind folgende Punkte:

- Die Tätigkeit der unerwünschten Kleinstlebewesen eindämmen durch **Schwefeln mit 1 g KD/10 l**
- Schleim-, Schmutz- und Trubteile entfernen durch **bis zu 24 Stunden Vorklären**
- **15% Gärraum belassen** – Schmutzteile werden durch Vorklären und Abstich entfernt, nicht durch Überschäumen (der Most wird sich im Schaum nur infizieren)
- **Reinzuchthefe verwenden,** Anstellhefe dazu in pasteurisiertem Apfelsaft ansetzen. Äpfel enthalten von Haus aus nur die wenig alkoholverträglichen Apiculatushefen. Wird mit Reinzuchthefe gearbeitet, so wird ein reintönigerer Wein mit höherem Alkoholgehalt entstehen, insbesondere werden auch weniger flüchtige Säuren (Essigsäure vor allem) gebildet
- **Nach Ende der Gärung abstechen,** damit Hefe und weitere Schmutzteile abgesondert werden
- Nach dem Abstich **spundvoll halten.** Äpfel haben nur ein Mostgewicht von 45–60, allenfalls 65°Oe, naturreiner Apfelwein ist daher besonders anfällig gegen Kahmbildung
- Nach etwa einem Vierteljahr ist ein **weiterer Abstich** zu empfehlen.

Es bringt nur Vorteile, wenn man nach diesen Grundsätzen vorgeht.

- der Geschmack der Frucht bleibt ausgeprägt erhalten
- der Wein wird schnell sehr klar
- der Wein hält sich länger
- der Wein ist weniger anfällig gegen Krankheiten.

Apfelwein wird im Haushalt kaum auf Flaschen gefüllt, sondern vom Faß verbraucht werden, was schon deshalb zu akzeptieren ist, weil er ja bis zum nächsten Herbst weitgehend verbraucht sein sollte. Um so wichtiger ist jetzt, ihn in kleinere Gebinde umzufüllen, um zu lange Anbruchzeiten zu vermeiden.

Noch ein Wort zu den Verbesserungen:

Säurewert: Der Most sollte vor Beginn der Gärung 6–9‰ Säure enthalten. Eine Säureverminderung wird kaum notwendig sein, vor allem nicht, wenn auch Tafelobst beigemischt wird. Sollte doch einmal entsäuert werden müssen, so kann dies nur über eine Wasserzugabe erfolgen. Eine einfache Kalkentsäuerung ist nicht möglich, weil die Säure der Äpfel fast vollständig auf Apfelsäure entfällt (wie der Name schon sagt).

Eher schon kann eine Säurezugabe notwendig sein. Dazu Milchsäure verwenden. Zur Erinnerung: 1,5 g/l Milchsäure 80 % erhöht die Säure, gemessen in Weinsäure, um 1 ‰.

Zuckergehalt: Äpfel werden im allgemeinen ohne Zuckerzusatz vergoren. Es entsteht dann ein Wein von 5–8 Vol.% (bei 45–60 °Oe, die Werte laut Tabelle Seite 69 können um etwa ½ Vol. % erhöht werden, weil bei gleichem Mostgewicht der zuckerfreie Extrakt geringer, der Zuckergehalt damit höher ist). Es sollte schon auf 5,5 % angereichert werden, darüber hinaus ist eine Anreicherung auf 7 % erwägenswert, aber nicht unbedingt notwendig.

Apfeldessertwein, Apfelzider

Den Namen hat dieser Wein vom „Cidre", dem im weinlosen Norden Frankreichs produzierten Apfelwein. Apfelsaft (es ist nur Apfelsaft geeignet mit mindestens 8 ‰ Säure) wird soweit angereichert, daß mindestens 13 % Alkohol zu erwarten sind, Berechnung wie Seite 71. Je nach Mostgewicht, gewünschtem Alkoholgehalt und gewünschter Restsüße werden 1 bis 2 kg Zucker je 10 l nötig sein, die Berechnung erfolgt wie bei Traubenweinen.

Diese große Zuckermenge kann von den wilden Hefen nicht vergoren werden, es muß eine sorgfältig angesetzte Reinzuchthefe verwendet werden.

Den Ansatz in sterilem Apfelsaft heranziehen.

In gewerblichen Betrieben wird zur Ausschaltung eines jeden Risikos der Apfelsaft generell pasteurisiert, wir werden uns auf eine Schwefelung wie üblich (1 g KD) beschränken müssen.

Der Zuckerzusatz sollte in zwei oder drei Stufen erfolgen, jeweils mit einigen Tagen Pause. 2 g/10 l Hefenährsalz verbessert das Gärverhalten noch weiter, auch sollte öfters umgerührt werden. Die Gärung kann Monate dauern, das Gärgefäß muß annähernd bei Zimmertemperatur aufgestellt werden.

Nach Ende der Gärung wird wie gewohnt weiter verfahren. Vor der Abfüllung kann je nach Geschmack nachgesüßt werden, wegen des hohen Alkoholgehaltes ist eine zweite Gärung nicht zu befürchten.

Apfelwein mit Quitten

Ca. 10 % Quitten, höchstens 20 %, können durch den hohen Gerbstoffgehalt den Apfelwein geschmacklich abrunden und auch zur Klärung des Weines beitragen. Reiner Quittenwein ist allenfalls als Dessertwein zu empfehlen (5 l Saft, 3 l Wasser, 2,5 kg Zucker).

Birnenwein

Birnen haben sehr viel Gerbstoffe und sehr wenig Säure. Diese wenige Säure besteht noch dazu zum guten Teil aus Zitronensäure, die nicht stabil ist, sondern sich zersetzt.

Reine Birnenweine sind daher zumeist wenig haltbar und nicht zu empfehlen, zumindest sollten reine Birnenweine schnell verbraucht werden. Werden aber Birnen zusammen mit Äpfeln vergoren, so kann ein sehr ansprechendes Ergebnis erzielt werden.

Das Verhältnis Apfel/Birne wird sich wohl aus dem verfügbaren Material ergeben, ansonsten sind alle Kombinationen denkbar. Je höher freilich der Birnenanteil, um so größer die Probleme.

Besonderes Augenmerk ist auf den Säuregehalt zu richten. Eventuell auf mindestens 6‰ erhöhen (Milchsäure). Birnen werden vorteilhaft unter Zusatz von Nährsalz bei niedrigen Temperaturen (unter 10 °C) vergoren, entsprechende Kaltgärhefe verwenden.

Weine aus Steinobst

Kirschwein

Sauerkirschen sind hervorragend geeignet zur Weinherstellung. Schon Tischweine können sehr gut werden; Dessertweine, womöglich einige Jahre gereift, werden portweinähnlich.
Die Kirschen werden entstielt (oder bereits ohne Stiele geerntet) und gewaschen. Die Früchte werden dann gemaischt, was am besten durch Zerdrükken mit der Hand oder mit dem Moster geschieht. Die meisten Mühlen sind nicht geeignet, weil zuviele Steine mit vermahlen werden. Aufgebrochene Steine setzen die äußerst giftige Blausäure frei; die kritische Grenze gilt als erreicht, wenn mehr als 10 % der Steine beschädigt sind.
Für Farbe, Aroma und Extrakt wird die Maische angegoren und nach einigen Tagen abgepreßt. Jetzt läßt sich Wasser- und Zuckerzugabe am sichersten berechnen. Da Sauerkirschen im Säuregehalt erheblich streuen (12–22 %), sollte die Naßzuckerung für jeden Wein individuell errechnet werden (die Tabelle gilt nur für mittlere Werte).
Süßkirschen eignen sich weniger zur Weinbereitung, weil sie zu wenig Säure enthalten und diese Säure zudem weitgehend auf die wenig stabile Zitronensäure entfällt.
Süßkirschen werden daher trockengezuckert und mit Milchsäure aufgesäuert. Besser ist es, Süßkirschen mit Sauerkirschen zu verschneiden, dann je nach Meßwerten trocken- oder naßzuckern.

Anderes Steinobst

Man kann nach demselben Verfahren wie bei Kirschen auch aus anderem Steinobst Weine herstellen. Hohe Pektingehalte erschweren aber Abpressen und Klären, daher müssen pektinspaltende Enzyme verwendet und die Standzeit der Maische verlängert werden. Da diese Weine sehr krankheitsanfällig sind, muß gut gesäuert werden (auf 10 ‰).
Diese Früchte eignen sich weit mehr zur Kompott-, Marmelade- oder Geleebereitung. Mirabellen, Zwetschgen und Pflaumen auch besonders zur Branntweinbereitung.
Auf keinen Fall zu viele Steine zerbrechen, Blausäure entsteht (sehr giftig)!

Beerenweine

Hagebuttenwein

Hagebutten, die kleinen, roten Früchte der Zier- wie der Heckenrosen kann man in geradezu unbeschränkter Menge sammeln, und sie ergeben einen der außergewöhnlichsten Fruchtweine. Die Verarbeitung freilich ist mühsam.
Stiele und Blütenblätter werden abgetrennt, die Früchte dann einmal durchgeschnitten oder durch den Fleischwolf

gedreht (aber nicht zu sehr passieren) und mit kochendem Wasser übergossen (dazu die Hälfte der insgesamt zuzusetzenden Wassermenge verwenden). Dann wird die Hälfte des Zuckers zugegeben und aufgelöst. Wenn dieser Maischeansatz wieder auf unter 20°C abgekühlt ist, wird Reinzuchthefe und für je 10 l Ansatz 3 g Hefenährsalz zugegeben.

Etwa 10 Tage nach Beginn der Gärung wird entsaftet, der Saft in einen Gärbehälter gegeben.

Der verbleibende Trester wird mit dem restlichen (jedoch kalten) Wasser und Zucker angesetzt. Dieser zweite Ansatz gärt sofort weiter und kann nach etwa 5 Tagen entsaftet werden. Dieser Saft wird mit dem zuerst gepreßten weitervergoren. Nachdem die Säfte aus beiden Pressungen verschnitten sind, wird die Säure gemessen und auf 6–8‰ eingestellt, wozu bis zu 50 g Milchsäure notwendig sind (Berechnung s. Seite 74).

Die Gärung dauert lange, bis zu einem Vierteljahr. Danach wird abgestochen, nach einem weiteren Vierteljahr wird erneut abgestochen. Hagebuttenwein klärt sich zumeist schlecht, vor dem 2. Abstich kann daher eine Schönung erfolgen.

Das sonst kaum mehr verwendete Agar-Agar hat sich bei dieser Weinart zur Schönung als besonders wirksam erwiesen (0,5–2 g je 10 l).

Eine andere Besonderheit dieses Weines ist, daß der Wein unter Luftzutritt sehr gewinnen kann, er wird dann Sherryartig. Hagebuttenwein wird daher kaum geschwefelt, allenfalls, wenn der erste Ansatz (aus welchen Gründen auch immer) mit kaltem Wasser gemacht wird, sowie beim 1. Abstich. Aus demselben Grund braucht Hagebuttenwein auch nicht spundvoll gehalten werden. Ebenso können bei ungenügender Klärung auch weitere Abstiche gemacht werden.

Erdbeerwein

Erdbeeren ergeben einen vorzüglichen Dessertwein, wenn sie richtig verarbeitet werden. Wichtig ist, daß nicht zu sehr verdünnt wird, die Tabelle gibt Werte an für eine Verarbeitung ganz ohne Wasser oder eine Verdünnung 1 : 1. Beides ist denkbar, wie auch jeder Zwischenwert. Höher als bis 1 : 1 sollte aber nicht gegangen werden.

Bei jedem Wasserzusatz wird die Säure verringert, was entsprechend ausgeglichen werden muß. Die Feineinstellung auf 10‰ kann erst nach dem Abpressen vorgenommen werden.

Die Erdbeeren werden gewaschen, von den Blättern mitsamt dem Strunk getrennt und zerdrückt. Geschwefelt wird sehr stark (2–3 g KD/10 l); zur Verbesserung der Preßbarkeit wird mit pektinspaltendem Enzym versetzt und die Maische angegoren. Abgepreßt wird nach 1–2 Tagen. Gelegentlich wird bei Erdbeeren eine viel längere Maischegärung empfohlen. Dem ist entgegenzuhalten, daß dann die schädlichen Bakterien sich zu stark entwickeln können, besonders wenn bereits geschädigte Früchte verwendet werden. Dies wird aber wohl immer der Fall sein, da völlig einwandfreie Erdbeeren viel zu wertvoll sind, als daß man sie zum Wein verarbeiten würde; daher auch die kräftige Schwefelgabe!

Schlehenwein

Aus Schlehen kann ein dem Traubenwein sehr ähnlicher Wein zubereitet werden, der Dessertwein kommt dem Portwein nahe. Je nach dem persönlichen Geschmack können der Maische Gewürznelken, Rosinen, Zimtstangen und Weinbrand zugesetzt werden. Geerntet werden Schlehen nach dem ersten Nachtfrost, sie haben dann den höchsten Zuckergehalt.

Die gewaschenen Schlehen werden zerdrückt (dabei die Steine schonen!). Für die Dauer der Maischegärung wird bis zu zwei Wochen angegeben, was aber aus den mehrfach erwähnten Gründen als zu lange erscheint. Die Saftausbeute kann gesteigert werden, wenn man schon zur Maischegärung die Hälfte des Zuckerwassers zusetzt.

Die Schlehen haben sehr viel Gerbstoff, eine Gelatineschönung wird nicht nur zur Klärung eingesetzt, sondern auch, um diesen Gerbstoff abzubauen, und damit den Wein geschmacklich abzurunden.

Johannisbeerwein

Johannisbeerweine sind weit verbreitet, alle Spielarten von Tisch- und Dessertwein sind denkbar, insbesondere bei den roten und den weißen Sorten. Schwarze Johannisbeeren haben einen sehr strengen Beigeschmack, man sollte daraus eher Dessertweine bereiten oder sie zum Verschnitt mit roten verwenden, was dann einen sehr schönen Farbton ergibt (über 5% schwarze Johannisbeeren setzen sich aber geschmacklich deutlich durch).

Johannisbeeren haben im Säuregehalt eine große Spannweite (20–45‰), es ist angebracht, die Tabelle nicht schematisch anzuwenden, sondern jeden Wein individuell zu analysieren und Wasser und Zucker genau zu berechnen.

Stachelbeerwein

Stachelbeeren werden wegen des geringeren Säuregehaltes überwiegend zu Dessertweinen verarbeitet, der höhere Alkoholgehalt schützt dann zusätzlich.

Die Beeren werden gewaschen, entstielt und gemaischt. Die Maischegärung erhöht die Preßbarkeit, die Ausbeute wird erhöht. Eine zu lange Maischegärung beeinträchtigt das Geschmacksbild (Grasgeschmack), daher können nur 2–3 Tage empfohlen werden.

Es muß darauf geachtet werden, daß ein biologischer Säureabbau vermieden wird (früher Abstich, Kühlung, genügend schwefeln). Luftzutritt dagegen ist bei Dessertweinen durchaus erwünscht zur Sherrysierung.

Tischweine müssen zur besseren Haltbarkeit gut geschwefelt (1–1,5 g KD je 10 l) werden.

Heidelbeerwein

Aus Heidelbeeren werden sowohl Tisch- wie Dessertweine hergestellt, wobei aber Tischweine im Säuregehalt etwas angehoben werden müssen.

Beeren wie üblich waschen, entstielen und maischen. Wegen des geringen Stickstoffgehaltes 4 g Nährsalz zusetzen und nach zwei Tagen entsaften. Eine Kaltgärung schont sehr das Fruchtaroma, dann entsprechende Hefe verwenden.

Heidelbeerweine müssen luftfrei ausgebaut werden, da aufgrund von Oxidationsvorgängen sich die Farbe bis ins Bräunliche verändern kann, Sherrysierung scheidet daher aus.

Diese Anfälligkeit gegen Oxidationen bedeutet auch, daß Heidelbeerweine alsbald getrunken werden sollten.

Brombeerwein

Aus Brombeeren werden überwiegend Dessertweine hergestellt. Dabei muß aber die Naßverbesserung für jeden Wein individuell errechnet werden, weil die Säure je nach Sorte sehr schwankt. Die Angaben in der Tabelle stellen nur Mittelwerte dar.

Die Früchte werden gemaischt (zerdrückt) und so einige Tage bei Zimmertemperatur vergoren, nach dem Abpressen dann kühler stellen.

Himbeerwein

Himbeeren haben ein sehr aufdringliches Aroma. Wenn überhaupt sollte daher nur Dessertwein daraus hergestellt werden, Alkohol und Zucker überdekken dann das Aroma etwas. Vorgehen wie beim Brombeerwein, aber auf niedrige Gärtemperatur achten.

Holunderbeerwein

Die Herstellung von Wein aus Holunderbeeren ist eigentlich nicht zu empfehlen, weil diese Beeren, vor allem unreife, bei falscher Behandlung Übelkeit hervorrufen können. Diese Wirkung läßt sich vermeiden, wenn die Beeren mit dem Zuckerwasser auf mindestens 80 °C erhitzt werden (wie auch sonst nur Töpfe aus säurefestem Material verwenden).

Die Hefe wird nach dem Abkühlen auf 20 °C zugesetzt, die Maischegärung soll 2–3 Tage dauern. Nach dem Abpressen Säure einstellen.

Weine aus Südfrüchten

Bananenwein

Die Mengenangabe in der Tabelle bezieht sich auf entschälte Früchte, bei ungeschälten Bananen ist das Gewicht um ⅓ höher.

Die Bananen werden gut zerdrückt und im Zuckerwasser eingeweicht. Die Maischegärung kann bis zwei Wochen ausgedehnt werden. Beim Entsaften nicht mit zu viel Druck arbeiten, da die Maische ein Brei ohne jeden inneren Zusammenhalt (Häutchen, Kerne und dergleichen fehlen) ist, der bei zuviel Druck durch das Preßtuch durchgedrückt werden könnte.

Orangenwein

Orangen müssen mit der Zitruspresse entsaftet werden, schlechter ist es, sie zu schälen und zu zerdrücken. Schalen dürfen keinesfalls in die Maische gelangen.

Der Saft muß durch ein Siebtuch (Windel) gegossen werden, reines Vorklären genügt nicht zur Abtrennung von Häuten, Steinen und Schleimstoffen.

Orangen können je nach Säure, verfügbarer Menge und Geschmack nur trokkengezuckert oder durch Naßzuckerung auf das doppelte gestreckt werden; die Tabelle enthält Angaben für beide Extreme. Wichtig ist, daß die Säure auf wenigstens 8‰ eingestellt wird. Da die Säure der Orange überwiegend auf die wenig stabile Zitronensäure entfällt, ist es besser, naßzuzuckern und

die dann fehlende Säure mit der stabilen Milchsäure aufzufüllen.
Während der Gärung riecht Orangenwein nach faulen Eiern, es handelt sich aber nicht um einen Böckser, der Geruch verliert sich vielmehr wieder von selbst.
Nach Ende der Gärung ist kein Fruchtaroma mehr vorhanden, dieses kann durch etwa 5% unvergorenen Orangensaft wieder erzeugt werden. Man wird mit dieser Methode Klärschwierigkeiten haben; besser ist es daher, die Schale einer Orange in ein Perlon- oder Leinensäckchen einzubinden und etwa eine Nacht lang im Wein ziehen zu lassen.

Ananaswein

Die Probleme bei der Herstellung von Ananaswein ähneln den Problemen beim Orangenwein. Da zudem Ananas noch teurer ist, wird man daraus kaum Wein bereiten.
Wer es doch versuchen will: Man wird ganze Früchte schälen und zerdrücken oder aber Ananasstücke in Sirup verarbeiten.
Zur besseren Haltbarkeit muß Säure zugegeben werden, man muß mindestens auf einen Säuregehalt von 8‰ einstellen.

Sonstige weinähnliche Getränke

Honigwein

Aus Honig haben die Germanen jenes Getränk gebraut, das seitdem als das germanische Nationalgetränk gilt, den Met. Unter Hausweinbereitern ist dieser Honigwein, wohl angesichts dieser Tradition, heute noch äußerst populär.
Die Herstellung bereitet einige Schwierigkeiten, weil eine Mischung aus Honig und Wasser nur schwer in Gärung zu bringen ist. Daher ist es besonders wichtig, einige Tage zuvor einen Gäransatz aus Hefe, Nährsalz und 1 l Fruchtsaft (Apfelsaft oder Traubensaft) zuzubereiten.
Wenn dieser Ansatz richtig in Gärung ist, wird der Honig in etwa 50°C warmem Wasser aufgelöst. Ein Zusatz von 10 g Weizenmehl erhöht die Gärfähigkeit. Weinrechtlich ist der Wasserzusatz (in l) auf das Doppelte der Honigmengen (in kg) beschränkt, ein etwas größerer Flüssigkeitsanteil kann aber empfohlen werden, wenn kein Verkauf des Weines vorgesehen ist. Der Wein wird sonst mächtig süß.
Nach Erkalten der Lösung wird Milchsäure, Nährsalz und Hefeansatz zugefügt und etwa bei Zimmertemperatur vergoren. Die Gärung dauert lange, die Klärung ebenso, einer Schönung mit Kieselsol ist eine Klärung durch mehrere Abstiche vorzuziehen. Zu diesem Grundrezept gibt es unendlich viele Abwandlungen, einige seien erwähnt:

- Zum Auflösen des Honigs wird ein Gewürzauszug verwendet, gewonnen durch Überbrühen von Gewürzen je nach Geschmack. Eine interessante Variante: Etwa 100 g getrocknete, feingeschnittene Walnußblätter werden überbrüht und dann abgesiebt.
- Im Wasser wird ein Leinensäckchen mit 100 g Hopfendolden oder notfalls Hopfenpellets (in Brauereien er-

hältlich) etwa eine Stunde mitgekocht. Der Honig wird dann nach dem Abkühlen auf 50 °C zugegeben. Dieser Honigwein schmeckt bierähnlich bitter.

- Wasser wird zum Teil oder ganz durch Fruchtsaft ersetzt. Man kann dann streiten, ob das Honigwein mit Fruchtsaft ist oder Fruchtwein, der mit Honig angereichert wurde (schon die Römer haben Traubenwein mit Honig versetzt!).
- Der Honig wird in Tee aufgelöst.

Honigwein gewinnt immer durch Lagerung, dabei brauchen die Gefäße nicht spundvoll sein, Sherrysierung gibt ansprechende Geschmacksbilder.

Noch ein Wort zum Honig: Allgemein wird erwähnt, daß bester Honig auch ein bestes Ergebnis bringt. Das ist sicher richtig. Allerdings ist die richtige Behandlung noch wichtiger, auch billigere Ware kann ansprechende Ergebnisse bringen.

Rhabarberwein

Auch aus den Stengeln des Rhabarbers lassen sich Weine, vor allem Dessertweine herstellen. Hinderlich ist aber ein Bestandteil des Rhabarbers, die Oxalsäure, die unter Umständen (Menge!) giftig wirken kann. Jedoch ist diese Oxalsäure mit Kalk recht leicht zu entfernen. Zur Weinbereitung sollten nur die rötlichen bis roten Stengel verwendet werden, die grünen sind weniger geeignet.

Die gewaschenen Stengel werden in etwa 2 cm lange Stücke geschnitten. Wer eine Obstmühle hat, kann die ganzen oder einmal durchgeschnittenen Stengel durch die Mühle drehen.

Diese Rhabarberstücke werden mit ⅓ des Wassers überbrüht, dann wird ⅓ des Zuckers zugegeben und eine Maischegärung durchgeführt. Wenn doch viele grüne Stengel verwendet werden, muß diese Gärung kürzer sein oder ganz ausfallen.

Dann abpressen und 10 g Kalk je 5 kg Stengel (ursprüngliches Gewicht) zur Ausfällung der Oxalsäure zugeben. Danach wird stufenweise das restliche Zuckerwasser zugegeben und wie üblich weiterverfahren. Beim Abstich bleibt dann das ausgefällte Oxalsäurecalcium mit dem Trub zurück.

Die entfernte Oxalsäure muß zur besseren Haltbarkeit des Weines durch Milchsäure ersetzt werden.

Blütenweine

Die Blüten von Holunder, Rosen und Löwenzahn werden gelegentlich zur Bereitung von Blütenweinen verwendet, daneben eignen sich auch noch viele andere Blüten. Da die Blüten dem Wein nur Aroma geben, muß man alle anderen Stoffe, die einen Most ausmachen, zugeben: Wasser, Zucker und Säure mit den in der Tabelle genannten Mengen. Ein solch synthetisches Gemisch wird in jedem Fall Gärschwierigkeiten bereiten (ob man es guten Gewissens als Wein bezeichnen mag?), so daß der Zusatz von Nährsalz unbedingt nötig ist. Weiter vermindert man die Schwierigkeiten, wenn die Reinzuchthefe (auch diese ist wegen weitgehendem Fehlen von natürlichen Kleinstlebewesen unabdingbar) in Fruchtsaft angesetzt wird. Nach 14 Tagen werden die Blätter abgesiebt und es wird wie üblich weiterverfahren.

Blütenblätter können daneben auch zur Aromatisierung anderer Weine verwendet werden, auch hierin waren die Römer Meister. Das ist aber Geschmackssache.

Gemüseweine

Auch aus allerlei Gemüse (Karotten, Pastinakwurzel, Tomaten und vielem mehr) lassen sich weinähnliche Getränke bereiten.

Die Gemüse werden je nach Gegebenheit zerkleinert (gerieben, kleingeschnitten, zerdrückt) und mit ⅓ des Zuckerwassers angesetzt. Da Gemüse praktisch keine Säure enthalten, muß kräftig gesäuert werden (auf 6‰). Ebenso muß Nährsalz und Enzym zugegeben werden.

Nach ein- bis zweiwöchiger Maischegärung wird abgepreßt und wie üblich weiterverfahren. Je nach Gemüseart können beträchtliche Klärschwierigkeiten auftreten, ohne pektinspaltende Enzyme kommt man oft nicht aus. Manche Gemüse sind auch erst nach Aufkochen in Zuckerwasser zu entsaften.

Ansonsten ist aber – über diese etwas pauschalen Angaben hinaus – für eigene Versuche auf diesem Gebiet noch genügend Raum.

Brotwein

Selbst aus alten, vertrockneten Brotresten läßt sich ein weinähnliches Getränk herstellen, der in Rußland weit verbreitete Kwass ist dafür ein bekanntes Beispiel.

Der Alkohol dieses Getränkes stammt kaum aus dem Brot, sondern aus dem zuzugebenden Zucker (1,5 bis 2,5 kg). Das Brot (mindestens 0,5 kg, besser bis 2 kg) liefert dagegen fast nur die Geschmackstoffe, weshalb auch eher Brotrinde als die weiche Krume verwendet werden sollte, oder die Brotscheiben werden im Backofen oder Toaster geröstet und geben dann ebenso dem Wein Geschmack. Der natürliche Säuregehalt ist so gering, daß 40–60 g Milchsäure benötigt werden, ebenso 4 g Hefenährsalz.

Als Gefäß für die Maischegärung ist nur ein offener Eimer oder ein Weithalsfaß geeignet; ein Glasballon oder Fäßchen mit zu enger Öffnung sind später kaum sauberzukriegen. Nach etwa zwei bis drei Wochen Maischegärung werden mit einem Seihtuch (Stoffwindel) Brot und Flüssigkeit getrennt, wobei man den Brotbrei gut ausdrückt.

Die weitere Gärung und der Ausbau erfolgen wie üblich im Ballon oder Fäßchen.

Erzeugnisse aus Wein

Schaumwein

Wein, der noch Kohlensäure enthält, schmeckt angenehm prickelnd, die Beliebtheit des „Neuen" beruht ebenso auf der Wirkung der Kohlensäure wie auch die Vorliebe der Verbraucher für junge, frische Weine.

Der französische Kellermeister Dom Pérignon vom Kloster Hautvillers in der Champagne hat vor rund 300 Jahren ein Verfahren entwickelt, um einen stark kohlensäurehaltigen, aber klaren Wein herzustellen, den Champagner. In Deutschland wurde dafür die Bezeichnung „Sekt" verwendet. Als im Versailler Vertrag den deutschen Schaumwein-Kellereien die Verwendung der Bezeichnung Champagner verboten wurde, setzte sich für deutschen Schaumwein der Begriff Sekt endgültig durch.

Geeignet als Grundwein zur Schaumweinherstellung ist jeder durchgegorene, vollständig klare Wein, der genügend Säure (mindestens 6–9‰) und nicht zuviel Alkohol (8, höchstens 10%) enthält. Neben weißem und auch rotem*) Wein aus Trauben werden auch Fruchtweine zu Fruchtschaumwein verarbeitet. In Frage kommen vor allem Weine aus

- Äpfeln
- Birnen
- Erdbeeren
- Johannisbeeren
- Heidelbeeren.

Gewerbliche Schaumweinhersteller wenden heute häufig das Großraumgärverfahren (Wein wird in Drucktanks einer Zweitgärung unterzogen und unter Druck auf Flaschen gefüllt) oder das Imprägnierverfahren (Wein wird vor der Abfüllung mit Kohlensäure versetzt) an. Beide Verfahren erfordern eine technische Ausstattung, die im Haushalt nicht vorhanden ist, außerdem sind so hergestellte Schaumweine den im traditionellen Flaschengärverfahren hergestellten qualitativ oft unterlegen. Daher soll hier nur die Flaschengärung (auch Méthode champenoise genannt) erläutert werden:

- In 10 l Grundwein werden 200–250 g Zucker gelöst, dies wird einen Druck von 4–5 bar in der Flasche erzeugen.
- Eine mehrere Tage vorher angesetzte Hefekultur aus druckunempfindli-

---

** Oft werden Rotweintrauben so verarbeitet, daß ein fast farbloser Wein entsteht, manchmal wird aber auch roter Sekt angestrebt, also eine Maischegärung durchgeführt.*

chen Heferassen (Champagner) wird zugegeben.

- Tannin (¼ g je 10 l) oder Bentonit (10 g je 10 l) verbessern die spätere Klärung.
- Dieser Gäransatz wird sehr sorgfältig durchgemischt.
- Der Ansatz wird in Sektflaschen gefüllt. Keinesfalls andere Flaschen verwenden, weil diese zerplatzen würden. Auch bei Sektflaschen werden Sie mit etwas Bruch rechnen müssen (früher waren bis 10 % einzukalkulieren). Flaschen daher in Kunststoffwannen lagern, so können Sie den Bruchwein immer noch filtrieren und zu Essig verarbeiten.
- Die Flaschen werden mit Kunststoffstopfen und Drahtbügel verschlossen. Naturkorken können ohne Spezialgerät nicht verwendet werden.
- Die Gärung wird in Gang gebracht, indem die Flaschen etwa zwei Wochen lang bei annähernd Zimmertemperatur gelagert werden.
- Danach wird der Wein möglichst kühl gelagert, die Flaschenmündung nach unten. Eine Weinkiste aus Kunststoff kann als Halterung dienen. Die Gärung kann dann bis zu mehreren Monaten dauern.
- Wenn der Wein sich dann zu klären beginnt, sammelt sich der Bodensatz, Depot genannt, an der Flaschenmündung. Dies wird durch „Rütteln" verstärkt: Die Flaschen, die ja fast senkrecht stehen (Kork nach unten), werden täglich ruckartig rechts-links gedreht, wodurch sich das Depot verstärkt über dem Korken sammelt. Das Rütteln dauert bis zur vollständigen Klärung etwa 1–2 Monate.
- Jetzt wird Dosage, auch Likör genannt, bereitet: je 10 l (= 13 Flaschen) wird je nach Geschmack 100 g (trockener Sekt) bis 500 g (süßer Sekt) Zucker mit Wein auf ½ l Gesamtmenge gemischt.
- Jetzt folgt das Degorgieren (Enthefen): Der Flaschenhals wird in eine Gefrierlösung aus je einem Teil Salz und zerhacktem Eis getaucht. Dadurch gefriert der Wein mitsamt dem Depot am Korken. Der Korken wird dann – immer noch Mündung schräg nach unten – aus der Flasche gezogen, und der Eis-Hefe-Klumpen wird aus der Flasche gedrückt. Flasche sofort wieder verschließen und senkrecht stellen. Diese Arbeit erfordert etwas Übung, am Anfang werden Sie einigen Wein verschütten: machen Sie Essig daraus.
- Die Flasche wird mit dem „Likör" bis auf 3–4 cm unter die Mündung aufgefüllt, verkorkt und wieder verdrahtet.

Nach einigen Monaten der Ruhe können Sie Ihren Sekt „Hausmarke" trinken.

Wem das Degorgieren zu umständlich ist, der kann die Zweitgärung in einer stehenden, ebenfalls mit Kunststoffstopfen und Drahtbügel verschlossenen Flasche durchführen. Es wird dann deutlich mehr Zucker zugegeben, rund 500–800 g je 10 l. Durch den entstehenden Druck wird die Gärung enden bevor der gesamte Zucker vergoren ist, die Restsüße bleibt auch ohne Dosage erhalten.

Der Wein wird sich dann klären, das Depot am Boden bilden. Wenn der Wein genügend klar ist, kann er getrunken werden – vorsichtig aus der Flasche in einen Krug gießen, das Depot muß zurückbleiben. Würde man direkt ins Glas einschenken, so würde der Trub soweit aufgewirbelt werden, daß schon das zweite Glas sehr getrübt wäre, es sei denn, es werden soviele Gläser gefüllt, daß die Flasche auf einmal leer wird.

Diese Methode hat Nachteile gegenüber der Methode champenoise:

- Die Restsüße läßt sich kaum steuern
- Der Wein wird nicht unbedingt klar werden
- Depot kann beim Ausgießen mit übergehen
- Da der Wein vor dem Glas noch in den Krug muß, geht Kohlensäure verloren.

Diese vereinfachte Methode zur Schaumweinherstellung kann daher nie gleichwertig sein.

Hier noch zwei Rezepte für 10 l perlende, schaumweinähnliche Getränke, die ohne Degorgieren herzustellen sind:

Holundersekt

1 kg Zucker
9 l Wasser
10 Holunderblütendolden
4 Zitronen, ungespritzt, mit Schalen in Scheiben geschnitten
Reinzuchthefe
4 g Nährsalz

Wasser auf 50 °C erwärmen, Zucker auflösen. Nach Abkühlung übrige Zutaten zugeben, vergären. Nach Beginn der Gärung durch ein Tuch sieben und in Sektflaschen füllen. Gut gekühlt weitergären. Nach genügender Klärung trinken; alkoholarm, prickelnd, eine herrliche Sommererfrischung.

Sekt aus Rosinen

0,5 kg Zucker
0,5 kg Rosinen, noch besser Sultaninen
9 l Wasser
3 Zitronen, ungespritzt, mit Schalen in Scheiben geschnitten
etwas schwarzer Tee
Reinzuchthefe
2 g Nährsalz

Wasser auf 50 °C erwärmen, Zucker auflösen, Tee und Rosinen zugeben. Nach Abkühlung übrige Zutaten zugeben, an warmem Platz abstellen und immer wieder durchmischen. Nach Beginn der Gärung (3–5 Tage) durch ein Tuch sieben und in Sektflaschen füllen. Nach genügender Klärung trinkfertig. Ebenfalls ein limonadenähnliches, alkoholarmes Getränk für heiße Sommertage.

Branntwein

Durch alkoholische Gärung allein entsteht allenfalls, wie beschrieben, ein Alkoholgehalt von 18 %. Will man einen höheren Alkoholgehalt erreichen, so muß der Wein gebrannt werden, es entsteht dann Branntwein.

Beim Brennen von Wein wird die Tatsache ausgenutzt, daß Alkohol schon bei 78 °C verdampft, Wasser dagegen erst bei 100 °C. Der Wein wird also nur soweit erhitzt, daß der Alkohol zwar verdampft, das Wasser aber nicht. Die Dämpfe werden abgekühlt, der Alkohol wird wieder flüssig und in einem anderen Gefäß aufgefangen. Das Destillat wird dann je nach Verfahren noch einmal gebrannt, gefiltert und wieder mit destilliertem Wasser verdünnt.

Das Brennen ist aber nur in angemeldeten und genehmigten Brennereien erlaubt. Schwarzbrennen, auch für den Hausgebrauch, steht unter Strafe. Lassen Sie unbedingt die Finger davon!

Für das strenge Verbot des unkontrollierten Brennens gibt es mehrere Gründe:

- so mancher Destillierapparat ist dem Hobby-Destillateur schon um die Ohren geflogen
- bei unsachgemäßem Vorgehen kann der giftige (Erblindung!) Methylalkohol entstehen.

Im Vordergrund steht freilich seitens des Staates eine ganz andere Sorge: Branntwein ist hoch besteuert, und der Fiskus will als Oberaufseher über das Brennereiwesen die Gewißheit haben, daß ihm auch keine Mark dieser Steuer verloren geht.

Trotz dieser Einschränkung ist es uns aber nicht ganz verwehrt, eigene Spirituosen zu erzeugen. Wir können den Ausgangsstoff selbst herstellen, nur das eigentliche Brennen muß der Brennerei überlassen werden.

Geeignet zur Herstellung von Branntwein sind grundsätzlich alle Früchte, aus denen man Wein herstellen kann, darüber hinaus auch Kartoffeln und Getreide. Letztere enthalten aber von Natur aus nicht Zucker, sondern Stärke, die erst durch spezielle Verfahren (Mälzen) in Zucker verwandelt werden muß, bevor Kartoffel- und Getreidemaische vergoren werden können.

Beschränkt man sich auf Branntwein aus zuckerhaltigen Früchten, so sind zwei Techniken denkbar:

- es wird erst Wein hergestellt, der dann gebrannt wird
- es wird die Maische vergoren, der Alkohol wird ohne Kelterung direkt aus der Maische verdampft.

Trauben-Branntwein wird aus Brennwein gewonnen, Apfel-Branntwein sowohl aus Apfelwein als auch aus Maische.

Die übrigen Früchte werden zur Branntweinerzeugung gemaischt. Gebräuchlich sind Branntweine aus folgenden Früchten:

- Kernobst und Steinobst uneingeschränkt
- bei den Beeren sind Himbeeren, Heidelbeeren, Wacholderbeeren, Schlehen und Vogelbeeren gebräuchlich, gelegentlich auch Brombeeren, Johannisbeeren und Erdbeeren.

Wird ein Branntwein ausschließlich aus der Maische der Früchte gewonnen, so nennt man das Produkt Obstwasser. Von den Beeren, auch von Aprikosen und Pfirsichen, wird auch Obstgeist hergestellt. Dabei wird die (unvergorene) Maische mit Alkohol versetzt und abgebrannt. Obstgeiste enthalten das Fruchtaroma sehr unverfälscht.

Branntweine können auch gewonnen werden aus den Trestern, die bei der Weinherstellung anfallen, besonders aus Rotweintrestern, weil diese beim Abpressen schon voll in Gärung sind und daher viel Alkohol enthalten. Berühmte Tresterbranntweine sind der Grappa in Italien und der Marc in Frankreich.

Schließlich kann auch aus dem Hefetrub der Hefebranntwein gewonnen werden.

Sowohl Tresterbranntwein wie auch Hefebranntwein können nur bei entsprechenden Mengen lohnend zu Branntwein verarbeitet werden. Bei der Hausweinbereitung werden solche Mengen kaum anfallen, außerdem haben nur wenige Brennereien das Recht, Traubenbranntwein herzustellen.

Überwiegend werden wir daher Branntwein aus Maische herstellen lassen. Bei der Vergärung zu Brennmaische ist nicht anders vorzugehen wie bei der Maischegärung zur Weinbereitung.

Wichtig ist:

- Die Früchte gründlich zerkleinern, möglichst mit der Obstmühle. Bei Steinobst darauf achten, daß möglichst wenig Steine zerquetscht werden.
- Als Gärgefäße kommen am ehesten stehende Weithalsfässer in Frage. Häufig werden Holzfässer stehend verwendet, das Spundloch wird dazu verschlossen, das Faßtürchen wird zum Einfüllen der Maische verwendet.
- Maischen müssen ebenfalls leicht geschwefelt werden mit 0,5 g KD/10 l, bei geschädigten Früchten mit 1 g. Dies ist besonders wichtig, weil Brennmaischen nie gezuckert werden dürfen, und daher anfällig gegen Krankheiten sein können (Säurezugabe ist erlaubt).
- Die Verwendung von Reinzucht-Hefe ist besonders wichtig, weil nur eine vollständige Vergärung des Zuckers eine hohe Alkoholausbeute garantiert (die Branntweinsteuer ist nach Pauschalsätzen zu entrichten). Die Hefe muß (s. Seite 62) einige Tage vor dem Maischen in sterilem Fruchtsaft angesetzt werden.
- Die Behälter werden zum Schutz gegen Zutritt von Luft und Keimen mit einem Gärspund verschlossen.
- Tresterhut öfters unterstoßen oder mit Sieb usw. in der Flüssigkeit halten.
- Gärtemperatur beobachten; zu stürmische Gärung im Sommer, oder eine Stockung der Gärung im Spätherbst vermeiden.
- Nach Ende der Gärung nicht zu lange mit dem Brennen warten, da Alkoholverlust oder gar Essigstich drohen.

Zugegeben, traditionell wird Brennmaische weniger sorgfältig behandelt. Wer aber höchste Alkoholausbeute und ein reines Endprodukt erreichen will, dem sei größte Sorgfalt empfohlen!

Sehr oft wird auch vom Verderb bedrohter Wein gebrannt, vor allem Apfel- und Birnenwein wird so im Herbst verarbeitet, auch um die Fässer für den Neuen leer zu haben. Essigstichiger Wein allerdings eignet sich nicht einmal mehr zum Brennen.

Sie werden von Ihrem Brenner den Branntwein im Glaskolben oder im Kanister übergeben bekommen. Bevor Sie den Schnaps dann in Flaschen abfüllen, sollten sie ihn einige Tage so kalt wie möglich stellen – im Keller oder gar (einige Stunden) in der Kühltruhe; bei niedrigen Temperaturen scheiden sich dann verschiedene Stoffe aus. Wird der Branntwein danach abgefüllt, so bleibt er in der Flasche klar.

Das Brennen, das sei noch einmal erwähnt, keinesfalls schwarz besorgen.

Ein kleiner Hinweis zum Schluß: fast alle Branntweine gewinnen durch Lagerung, sie werden milder und weicher. Ganz besonders gilt das für eine Lagerung im Holzfaß. Cognac und Calvados erhalten so auch ihren Farbton, ebenso der Whisky.

Essig

Im Abschnitt Krankheiten wurde der Essigstich als des Weins schlimmster Feind vorgestellt. Dort wurde auch gezeigt, daß Essigbildung nur möglich ist, wenn Sauerstoff vorhanden ist. Daher muß, wenn Essigbildung bewußt herbeigeführt werden soll, für Sauerstoffzutritt zum Wein gesorgt werden.
Wer seinen Essig selbst herstellen will, muß also nur irgendein alkoholisches Getränk (bevorzugt: Wein, Apfelwein, Bier) an der Luft stehen lassen. Mit dieser Methode kann man also (gefilterte) Trubreste und teilweise verdorbene Weine wenigstens noch einer sinnvollen Verwendung zuführen.
So einfach es ist, nach diesem Rezept unfreiwillig zum Essigproduzenten zu werden, so schwer scheint es aber zu sein, diesen Vorgang bewußt hervorzurufen: zumeist entsteht Kahm.
Wer Essig gezielt herstellen will, ist gut beraten, wenn er sich eine Essigmutter besorgt, von Nachbarn oder Bekannten, oder auch von Arauner. Diese Essigmutter ist jene speckige, glitschige Schicht, die sich auf einem essigstichigen Wein bildet.
Die Essigmutter wird am besten in ein kleines Kunststoffaß (15 l) gegeben. Dann wird mit etwa 5 l Wein aufgefüllt, Wein, der nicht mehr trinkbar ist.
Gefördert wird die Essigbildung, wenn der Wein mit Luft in Berührung kommt: Daher den Wein aus einer Kanne mit möglichst breitem Strahl in das Faß gießen. Hilfreich ist auch, öfters einen Schlauch in den Wein einzubringen und Luft durchzublasen, eventuell mit einem Blasebalg.
Die Idealtemperatur für die Essiggärung liegt bei nahe 30 °C.
Nach einigen Wochen ist dann aus dem Wein Essig geworden, den man in erster Linie wohl in der Küche verwendet, aber auch für technische Zwecke, wie für die Entkalkung von Haushaltsgeräten usw.
Der Essig ist jetzt vielleicht nicht ganz klar, Sie können ihn dennoch in Flaschen füllen und einige weitere Wochen stehen lassen, er klärt sich dann.
Nachgefüllt werden kann jede Art Wein, die irgendwie übrig bleibt, rot wie weiß. Im Gegenteil, je verschiedenartiger die Weine sind, mit denen sie mischen, um so besser wird der Essig.
Noch ein Wort zur Stärke des Essigs: Theoretisch wird der Säuregehalt das 1,3fache des ursprünglichen Alkoholgehaltes (in g/l) betragen. In der Praxis freilich entstehen diverse Nebenprodukte, wodurch der Essiggehalt niedriger liegt. Die Essigsäure kann man folgendermaßen messen:
10 ml Essig werden mit 115 ml Wasser auf 125 ml verdünnt. Mit dem Säuremeßzylinder wird die Säure gemessen. Ergeben sich jetzt z.B. 5‰ Säure, so hat der Essig 5 % Essigsäure.

Abwandlungen

Sie können Ihrem Essig ein besonderes **Fruchtaroma** geben, indem Sie Fruchtstücke, zum Beispiel Äpfel, ins Essigfaß geben.

Für die Bereitung von **Würzessig** wird Essig in eine Flasche gegeben, in die Sie auch Gewürzkräuter nach Ihrer Wahl geben. Ein Vorschlag:

1 Stengel Dill
1 Salbeiblatt
mehrere Blätter Borretsch
1 Stengel Bohnenkraut
1 Zweig Estragon
Zwiebelringe
1 Lorbeerblatt
mehrere Senfkörner

Den Ansatz einige Wochen in einem dunklen Raum ziehen lassen, danach haben Sie einen Essig, der auch im Winter Ihren Salaten jenen Geschmack gibt, den Sie sonst nur erreichen, wenn Ihnen im Sommer das ganze Kräuterbeet zu Diensten ist.

Anhang

Pflege von Holzfässern

Was hier über Holzfässer gesagt wird, gilt natürlich sinngemäß für alle anderen Geräte aus Holz entsprechend.

Weingrünmachen neuer Fässer

Das Holz neuer Fässer (auch einzelner neuer Dauben nach Reparaturen) enthält Bestandteile, die vom Wein gelöst werden und ihn nachteilig verändern.
Diese Bestandteile müssen also vor dem ersten Befüllen entfernt werden, die beste Methode dafür ist das Dämpfen. Der Hobbykellerwirt freilich wird kein Dampfgerät besitzen. Die zweitbeste Methode ist, mehrmals abwechselnd mit Schwefelsäurelösung (10 g Säure auf 10 l) und Sodalösung (200 g Soda auf 10 l) das Faß zu füllen, einige Tage stehen lassen, entleeren und schließlich ausspülen, erst mit heißem, dann mit kaltem Wasser.
Bei der ersten Benutzung einen nur mittelmäßigen Wein einfüllen. Das Faß sollte auch zuerst als Gärgefäß eingesetzt werden, wenn dann der Wein doch beeinträchtigt wird, so wird der Fehler beim Ausbau von selbst verschwinden oder zumindest bei der Schönung entfernt werden können.

Behandlung leerstehender Fässer

Am besten werden Fässer sofort nach dem Entleeren gereinigt: Hefe vollständig entfernen, Weinstein aufschlagen. Dann mit kaltem Wasser ausspritzen, bürsten und nachspülen. Wenn dies versäumt wurde, das Faß also einige Zeit leerlag, so muß mit 2%iger Sodalösung (200 g Soda auf 10 l) ausgebürstet werden, danach wie oben spülen.
An der Außenseite bildet sich oft Schimmel, dieser wird von Zeit zu Zeit mit einem feuchten Tuch abgerieben.
Bis zum nächsten Befüllen muß das Faß konserviert werden, wozu zwei Verfahren in Frage kommen:
Trockenkonservierung: Faß einige Tage trocknen lassen und dann Einbrennen. Eine halbe Schwefelschnitte (nichttropfend) je 100 l Faßinhalt im Faß abbrennen (an einen Drahthaken hängen, anzünden und durch das Spundloch in das Faß bringen). Das Spundloch verschließen. Dieser Vorgang muß monatlich wiederholt werden.
Naßkonservierung: Mit dieser Methode können Fässer etwa ein Jahr konserviert werden. Je 100 l Faßinhalt werden 100 g KD und 20 g Zitronensäure in Wasser gelöst, ins Faß gegeben und

dann mit Wasser aufgefüllt. In der Folgezeit immer spundvoll halten.

„Weißmachen" von Fässern, in denen Rotwein lagerte

Wenn Fässer, in denen Rotwein gelagert war, mit Weißwein befüllt werden sollen, so müssen diese Fässer besonders behandelt werden: Ausspritzen, mit Säure- und Sodalösung (wie beim Weingrünmachen) und ausbürsten. Danach ausspritzen.

Behandlung essigstichiger Fässer

Am besten wäre auch hier dämpfen. Ersatzweise 2%ige Sodalösung (200 g Soda auf 10 l) einfüllen und einige Tage stehen lassen. Dann mit 1%iger Schwefelsäure (100 g Säure auf 10 l) reinigen. Jetzt SO_2-Wasser (wie beim Naßkonservieren) einfüllen und mehrere Tage im Faß lassen. Dann mit heißem Wasser ausbürsten, nachspülen, bis das Wasser ohne essigstichigen Geruch abläuft.
Wenn Essigstich nicht vollständig entfernt wird, so wird sich jeder neu eingefüllte Wein wieder infizieren!

Behandlung schimmliger Fässer

Bei starkem Schimmelbefall hilft nur, das Faß abzubauen und jede Daube abzuhobeln, bis das gesunde Holz hervortritt.
Bei schwachem Befall: Kalt ausbürsten, dann wie essigstichige Fässer weiterbehandeln.
Nach einer Schimmelbehandlung sollte zuerst ein Jungwein eingefüllt werden, nicht ein Most. Schimmel bildet sich bei einem Alkoholgehalt ab 4% nämlich nicht mehr.

Neubefüllen der Fässer

In allen Fällen wird vor dem Neubefüllen mit Wein das Faß mit kaltem Wasser ausgespritzt. Dann wird das Faßtürchen eingesetzt: An der Kontaktfläche zum Faß wird das Türchen mit Faßtürdichte bestrichen. Besonders sorgfältig muß die Türschraube an der Innenseite behandelt werden, das Eisen muß völlig durch Dichtmasse abgedeckt sein, damit der Wein kein Eisen aufnehmen kann. Das Zapfloch kann entweder mit einem Korken verschlossen oder es kann auch sofort der Hahn angebracht werden. Letzteres ist günstiger, weil dann auch Proben am Hahn entnommen werden können (Proben für die Untersuchung in einem Weinlabor müssen jedoch aus der Faßmitte per Schlauch abgesaugt werden, nur so ist eine genaue Analyse einer „Durchschnittsprobe" möglich).

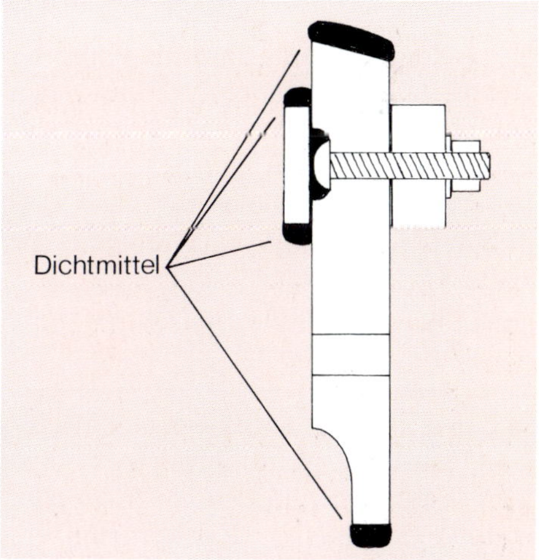

Vor dem Neubefüllen wird das Faßtürchen an den bezeichneten Stellen mit einem Dichtmittel bestrichen.

Chemische Grundlagen

Zum Verständnis der folgenden Ausführungen sind chemische Grundkenntnisse erforderlich. Wer diese Grundkenntnisse hat – etwa von der Schule her – der kann sich hier über die wesentlichen chemischen Vorgänge, die bei der Weinherstellung von Bedeutung sind, im Zusammenhang informieren. Wer über diese Grundkenntnisse nicht verfügt, der kann einfach weiter blättern – zum Verständnis des Buches ist dieser Teil des Anhanges nicht notwendig.
In der Chemie werden alle Stoffe durch Buchstaben symbolisiert. Dabei bedeutet z. B.:

Symbol	Element	Atomgewicht
C	Kohlenstoff	12
H	Wasserstoff	1
O	Sauerstoff	16

Diese drei Elemente sind die Hauptbestandteile organischer Verbindungen. Daneben spielen bei der Weinherstellung eine wichtige Rolle:

Symbol	Element	Atomgewicht
S	Schwefel	32
Ca	Kalzium	40
K	Kalium	39

Der frische Most enthält neben Wasser (H_2O, also einer Verbindung aus 2 Atomen Wasserstoff und einem Atom Sauerstoff), verschiedene **Zuckerarten**.
In den Früchten kommen

$C_6H_{12}O_6$ Fruchtzucker (Fruktose) oder Traubenzucker (Glukose)

natürlich vor. Diese Zuckerarten sind gärfähig. Zur Anreicherung verwendet man die aus Zuckerrohr oder Zuckerrüben gewonnene $C_{12}H_{22}O_{11}$ Saccharose (Rohrzucker, Rübenzucker), die nicht gärfähig ist. Mit Hilfe eines Enzyms (Saccharase) spaltet sich Saccharose aber:

$$C_{12}H_{22}O_{11} + H_2O \rightarrow C_6H_{12}O_6 + C_6H_{12}O_6$$

Saccharose + Wasser = Glukose + Fruktose

Glukose und Fruktose unterscheiden sich nur in der Struktur.
Glukose:

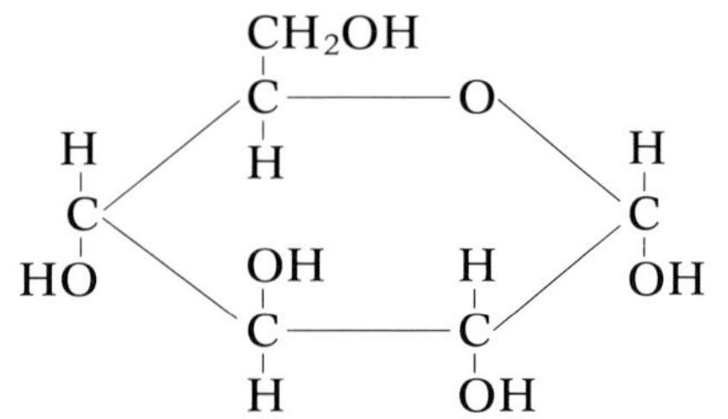

Fruktose:

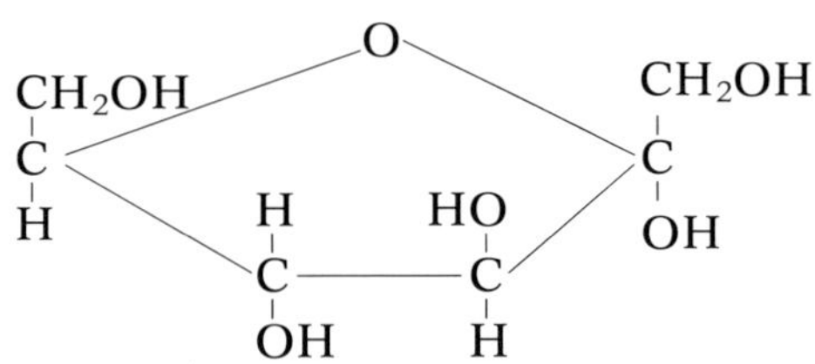

Der Zucker wird bei der **alkoholischen Gärung** umgewandelt:

$$C_6H_{12}O_6 \rightarrow 2\ C_2H_5OH + 2\ CO_2$$

Zucker = Alkohol + Kohlendioxid

Die Mengenverhältnisse bei solchen Reaktionen lassen sich durch Addition der Atomgewichte der Elemente eines Moleküls weiter untersuchen. So ist das Molekulargewicht des (Frucht- oder Trauben-)Zuckers:

$$
\begin{aligned}
6\,C &= 6 \times 12 = 72 \\
12\,H &= 12 \times 1 = 12 \\
6\,O &= 6 \times 16 = \underline{96} \\
& \qquad\qquad \underline{\underline{180}}
\end{aligned}
$$

Errechnet man die Molekulargewichte der anderen beteiligten Stoffe, so ermittelt man, daß aus 180 g Zucker 92 g Alkohol und 88 g Kohlendioxid entstehen müßten, also 92/180 = 51,1 % Alkohol. Tatsächlich aber entstehen nur rund 47 % Alkohol, der restliche Zukker wird zur Bildung von Nebenprodukten verbraucht, es entstehen z. B.

$C_3H_5(OH)_3$	Glyzerin
CH_3CHO	Azetaldehyd

sowie höhere Alkohole und verschiedene organische Säuren wie Bernsteinsäure, Essigsäure, Milchsäure.
Eine weitergehende Darstellung der Vorgänge sprengt den Rahmen dieses Buches; Schanderl/Koch/Kolb z. B. (siehe im Literaturverzeichnis) stellen die alkoholische Gärung sehr ausführlich dar.
Neben Wasser und Zucker sind die **Säuren** ein weiterer wichtiger Mostbestandteil. Wichtige Säuren sind:

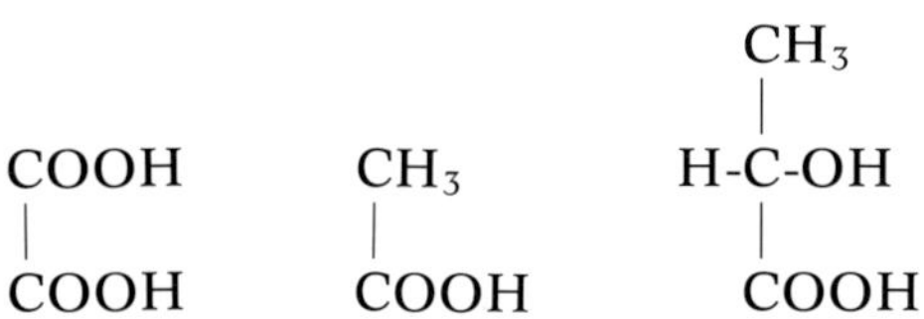

Oxalsäure — Essigsäure — Milchsäure

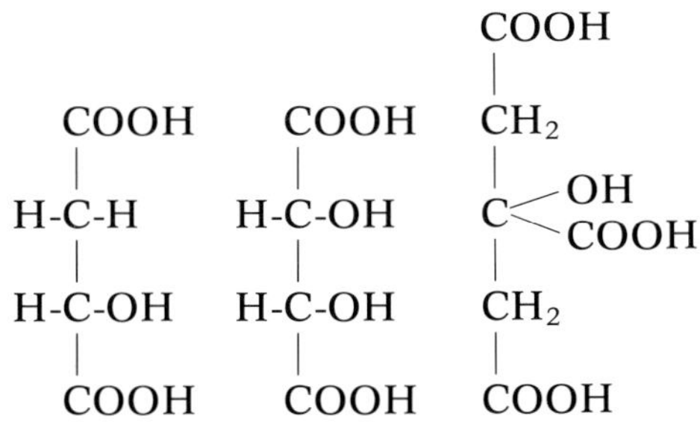

Apfelsäure — Weinsäure — Zitronensäure

Die **Essigsäure** entsteht bei jeder alkoholischen Gärung aus Alkohol, verstärkt wenn Essigsäurebakterien einwirken:

$$C_2H_5OH + O_2 \rightarrow CH_3COOH + H_2O$$
Alkohol + Sauerstoff = Essigsäure + Wasser

Beim **biologischen Säureabbau** spaltet sich die Apfelsäure, dabei vermindert sich die Gesamtsäure:

$C_2H_3OH\ (COOH)_2$
Apfelsäure
134

$\rightarrow C_2H_4OH\ COOH + CO_2$
= Milchsäure + Kohlendioxid
90 — 44

Die Weinsäure bildet mit dem im Wein vorhandenem Kalium den **Weinstein:**

$K^+ + C_2H_2(OH)_2\ (COOH)_2$
Kaliumion + Weinsäure

$\rightarrow COOH\,C_2H_2(OH)_2COOK + H^+$
= Weinstein + Wasserstoffion

(die Kaliumionen können z.B. aus dem Kaliumdisulfit stammen).
Die Weinsäure kann auch mit Hilfe von **Kalk** aus dem Wein entfernt werden:

$$C_2H_2(OH)_2(COOH)_2 + \mathbf{CaCO_3}$$
Weinsäure + Kalk
150 100

$$\rightarrow CaC_4H_4O_6 + CO_2 + H_2O$$
= Weinsaures Kalzium + Kohlendioxid + Wasser
188 44 18

Aus diesen Molekulargewichten ist auch ablesbar, daß zur Neutralisation von 1 g Weinsäure 100/150 = 2/3 – 0,667 g Kalk notwendig sind.
Als letztes soll noch die SO_2-Bildung bei der **Schwefelung des Weines** dargestellt werden:

$$K_2S_2O_5 + 2H^+$$
Kaliumdisulfit + Wasserstoffionen
222 2

$$\rightarrow 2SO_2 + H_2O + 2K^+$$
= Schwefeldioxid + Wasser + Kaliumionen
128 18 78

Aus den Molekulargewichten läßt sich ablesen, daß 222 g KD 128 g SO_2 ergeben (57 %). Wir rechnen vereinfacht mit einem Verhältnis von 2 : 1 (50 %). Bedingungen für diese Reaktion sind Wasserstoffionen, die nur in Säuren anzutreffen sind. In Wasser kann daher KD nur zur SO_2-Bildung verwendet werden, wenn gleichzeitig Säure zugegeben wird.

Bezugsquellen

Hefen, Chemikalien und Kleingeräte bekommt man in vielen Apotheken und Drogerien. Apotheker und Drogisten können oft auch Auskunft über die richtige Behandlung der Weine geben.
Fässer, Pressen usw. erhalten Sie in Haushaltswarengeschäften und in den Haus- und Gartenmärkten der Raiffeisengenossenschaften, wenn auch oft nur auf Bestellung.

In Weinbaugebieten mit einem hohen Anteil selbstausbauender Kleinwinzer werden Sie Spezialgeschäfte finden, in denen Sie Ihren gesamten Bedarf dekken können. Auch im Elsaß und in Südtirol finden Sie ein vielfältiges Angebot.
Die folgenden Unternehmen beliefern entweder direkt oder nennen Bezugsquellen:

Paul Arauner GmbH & Co. KG Wörthstr. 34/36, 8710 Kitzingen	liefert nahezu alles, was der Hobbykellerwirt braucht – Weinlabor
Karl Bockmeyer Brennerei- und Kellereibedarf Zementwerk 3, 7440 Nürtingen	nahezu komplettes Sortiment

Bucher KG Maschinenfabrik 7891 Klettgau 2, Grießen	Pressen
Gartenkraft GmbH Bahnstraße 16, 6222 Geisenheim	nahezu komplettes Sortiment
Otto Graf GmbH, Carl-Zeiß-Straße 2–6 7835 Teningen/Freiburg	Kunststoffbehälter
Fritz Merkel, Kellereibedarf Hetzelstr. 5–9, 6730 Neustadt/Weinstr.	nahezu komplettes Sortiment
Eugen Peter, Kellereiartikel Uhlandstr. 7 7307 Aichwald-Schanbach	nahezu komplettes Sortiment
Albert Pfäffle GmbH, Kellereibedarf Gymnasiumstr. 73, 7100 Heilbronn	nahezu komplettes Sortiment
Rauch Landmaschinenfabrik GmbH 7573 Sinzheim	Pressen, Mühlen
H. Rink Wangener Straße 18, 7989 Amtzell	nahezu komplettes Sortiment
Friedrich Sauer, Weinhefe-Zuchtanstalt Lenzhalde 66, 7301 Ostfildern 3	Vierka-Hefe Chemikalien, Kleingeräte
K. Schlag, Hefeeinzucht Langerstr. 92, 7080 Aalen	Vina Kaltgärhefe
C. Schliessmann, Kellerei-Chemie KG Auwiesenstr. 2, 7170 Schwäbisch Hall	Chemikalien, Hefen Kleingeräte
Speidel Kunststoffwerk AG 7404 Ofterdingen	Kunststoffbehälter
Hermann Streib, Küferei Lange Str. 8, 7406 Mössingen	Fässer
W. Wahler, Maschinenbau Dietbachstr. 17 7000 Stuttgart-Untertürkheim	Pressen, Mühlen

Weinrechtliche Grenzwerte

In der Einführung wurde dargelegt, daß die weinrechtlichen Bestimmungen für Hobbywinzer nicht verbindlich sind. Wer sich trotzdem dafür interessiert, wird die Literatur für Profis zu Rate ziehen. Das „Taschenbuch der Kellerwirtschaft" von Ludwig Jakob und die „Technologie des Weines" von Gerhard Troost enthalten viele übersichtliche Tabellen. Die Bestimmungen über Fruchtweine sind in dem Fachbuch von Schanderl/Koch/Kolb „Fruchtweine" zusammengestellt.

Die nachfolgend abgedruckten Tabellen beschränken sich auf die wichtigsten Werte. Insbesondere werden nur Behandlungsstoffe aufgeführt, die im Rahmen dieses Buches erwähnt werden.

Rechtliche Grundlage für die Angaben für Traubenweine ist:

- Gesetz über Wein, Likörwein, Schaumwein, weinhaltige Getränke und Branntwein aus Wein (Weingesetz) vom 14. 7. 1971 in der Fassung vom 27. 8. 1982
- Weinverordnung zum Weingesetz 1971
- zahlreiche Verordnungen der Europäischen Gemeinschaft, aufgezählt in der Anlage zum Weingesetz (BGBl 1982 S. 1224ff).

Für Fruchtweine gelten weiter:

- Deutsches Weingesetz vom 25. 7. 1930
- Verordnung zur Ausführung des Weingesetzes 1932 vom 16. 7. 1932 i.d.F. vom 14. 1. 1977.

Höchstens zugelassene Anreicherung für deutsche Weine

	Anreicherung um (Vol.%)		Anreicherung auf (Vol.%)		
	Normal	Ausnahme		Tafelwein	QbA
Baden	2,5	3,5	Weißwein	12,0	12,5
			Rotwein	12,5	13,0
Übrige dt. Anbaugebiete	3,5	4,5	Weißwein	11,5	12,0
			Rotwein	12,0	12,5

für Weißherbste gelten die Werte für Weißwein, Prädikatsweine dürfen nicht angereichert werden.

Apfel- und Birnenwein darf nur soweit angereichert werden, daß das Mostgewicht 55°Oe erreicht.

Höchstmengen für Weinbehandlungsstoffe (je 10 l)

Behandlungsstoff	Traubenweine	Fruchtweine
Aktivkohle	10 g in Weißmosten und Weißweinen Für Rotweine nicht erlaubt	nicht beschränkt
Askorbinsäure	1,5 g	nicht beschränkt
Weinhefe	0,5 l	nur Reinhefe, die nicht aus Traubenweinen stammt
Ammoniumdiphosphat Ammoniumsulfat „Hefenährsalz"	3 g	4 g
Sorbinsäure	2 g	2 g
Tannin	1 g	1 g
Kaliumhexacyanoferrat (gelbes Blutlaugensalz)	nach genauer Berechnung	nach genauer Berechnung
Kupfersulfat	0,2 g	nicht vorgesehen

Qualitätsmerkmale deutscher Weine

Die Mindestmostgewichte für die einzelnen Qualitätsstufen werden von den Bundesländern nach Rebsorten und Anbaugebieten differenziert festgelegt. Die nachfolgende Tabelle enthält die Spanne, in der sich die festgelegten Mindestmostgewichte bewegen. Ein Kabinettwein z. B. wird also manchmal schon aus einem Most von 70°Oe hergestellt werden dürfen, bei anderen Rebsorten in eher sonnenverwöhnten Anbaugebieten dagegen muß der Most wenigstens 81°Oe aufweisen. Zu erfragen sind die jeweiligen Mindestmostgewichte bei den zuständigen Landesministerien für Landwirtschaft.

Qualitätsstufe	Mindesmost-gewicht	Sonstige Bedingungen
Tafelwein	44–50°Oe	keine Qualitätsprüfung, Säure mindestens 4,5 ‰, Anreicherung üblich auf mind. 8,5 Vol.%
Landwein	50–55°Oe	nur „trocken" oder „halbtrocken" auszubauen, vorh. Alkohol wie Tafelwein.
Qualitätswein	57–72°Oe	Anreicherung erlaubt, Amtliche Prüfung vorgeschrieben (Prüfnummer)
Kabinett	70–81°Oe	Anreicherung nicht erlaubt, Ausnahme: Besonders schlechte Jahrgänge Amtliche Prüfung Behördliche Lesekontrolle
Spätlese	76–91°Oe	Keine Anreicherung, Amtliche Prüfung, Behördliche Lesekontrolle, Traubenlese nach Abschluß der Hauptlese
Auslese	83–105°Oe	Keine Anreicherung, Amtliche Prüfung, Behördliche Lesekontrolle, vollreife Trauben werden ausgelesen, kranke und unreife Beeren ausgesondert.
Beerenauslese	110–125°Oe	Keine Anreicherung, Amtliche Prüfung, Behördliche Lesekontrolle, aus besonders ausgelesenen edelfaulen oder wenigstens überreifen Beeren
Trockenbeeren-auslese	150°Oe	Keine Anreicherung, Amtliche Prüfung, Behördliche Lesekontrolle, aus edelfaulen, eingetrockneten Trauben
Eiswein	je nach Prädikat	Zusatz zu einem Prädikat, wenn der Wein aus gefrorenen Trauben gekeltert wurde (wenigstens – 7°C), Amtliche Prüfung, Behördliche Lesekontrolle

Schwefelgehalt

Zum Schutze der Gesundheit des Weinkonsumenten haben sowohl nationale wie auch europäische Bestimmungen den Gehalt des Weines an Schwefel beschränkt. Dabei unterscheiden die Rechtsnormen zwischen der gesamten schwefligen Säure und der freien schwefligen Säure.

Die freie schweflige Säure ist die im Wein wirksame Form der schwefligen Säure. Daneben hat sich schweflige Säure auch mit verschiedenen Weinbestandteilen (Aldehyde, Glukose und anderen mehr) chemisch verbunden. Diese sogenannte gebundene schweflige Säure ist für den Schutz des Weines unwirksam, belastet aber trotzdem möglicherweise die Gesundheit des Weinkonsumenten. Daher ist auch der Gehalt an gebundener schwefliger Säure weinrechtlich begrenzt. Nur wenige Hobbywinzer werden auch die gesamte schweflige Säure bestimmen können (vgl. Seite 30), wenn die in diesem Buch empfohlenen Schwefelangaben eingehalten werden, so besteht jedoch nie die Gefahr, daß der Grenzwert für die gesamte schweflige Säure überschritten wird. Die nachfolgend abgedruckte Tabelle (aus: Gerhard Troost, Technologie des Weines) enthält die zulässigen Höchstwerte für die gesamte und die freie schweflige Säure. Im Wein verändert sich der Schwefelgehalt laufend, sogar noch beim Flaschenwein, daher gelten die weinrechtlichen Grenzen jeweils für den Zeitpunkt des Inverkehrbringens des Weines, früher festgestellte höhere Werte sind unschädlich.

Weinart	Schweflige Säure in mg/l gesamt	frei
Rotwein weniger als 5 g/l Zucker	175	50
Rotwein ab 5 g/l Zucker	225	50
Weißwein, Rosé, bis einschließlich Kabinett und		
weniger als 5 g/l Zucker	225	50
ab 5 g/l Zucker	275	50
Spätlesen, alle	300	50
Auslesen, Eiswein und Weine über 14 Vol.%	350	60
Ausnahmen:		
Beerenauslesen und Trockenbeerenauslesen	400	75
Für Diabetiker geeignete Weine	150	40
Likörweine	300	50

Literaturverzeichnis

Über kaum ein anderes Thema wurden mehr Bücher geschrieben als über den Wein. Das Buch von Ambrosi/Becker enthält Angaben über fast sämtliche zur Zeit in deutscher Sprache erhältlichen Bücher über Wein und alles, was damit zusammen hängt.
An dieser Stelle sollen bewußt nur jene Werke erwähnt werden, die bei der Abfassung dieses Buches eine Rolle gespielt haben oder die dieses Buch stofflich ergänzen und abrunden können.

Allgemeines über Wein

Ambrosi, Hans, und Becker, Kurt (Herausgeber): Der deutsche Wein. Gräfe und Unzer, München 1978.

Deutscher Weinatlas mit Weinlagenverzeichnis, 3. Auflage. Ceres, Bielefeld 1978.

Böttiger, Theodor: Die Weine Deutschlands, 5. Auflage. Heyne, München 1977.

Gollmick, Friedrich, Bocker, Harald und Grünzel, Hermann: Das Weinbuch, 4. Auflage VEB Fachbuchverlag, Leipzig 1976.

Schoonmaker, Frank: Das Weinlexikon, 2. Auflage. Fischer, Frankfurt a.M. und Hamburg 1969.

Weinberg und Obstgarten

Becker, H. u.a.: Qualitätsbewußter und ökologisch orientierter Weinbau. KTBL-Schrift 310, Darmstadt 1986.

Hillebrand, Walter: Weinbau-Taschenbuch, 6. Auflage. Bilz und Fraund, Wiesbaden 1984.

Hillebrand, Walter: Taschenbuch der Rebsorten, 6. Auflage. Bilz und Fraund, Wiesbaden 1981.

Preuschen, Gerhardt: Der ökologische Weinbau, 2. Auflage. C. F. Müller, Karlsruhe 1981.

Sattler, Hermann: Baumobst im Garten. Ulmer, Stuttgart 1966.

Sattler, Hermann: Beerenobst im Garten. Ulmer Stuttgart 1968.

Schmid, Heiner: Obstbaumschnitt, 4. Auflage, Ulmer, Stuttgart 1985.

Schmid, Heiner: Handgriffe im Obstgarten, 6. Auflage. Ulmer, Stuttgart 1984.

Vogt, Ernst (Hrsg. Bruno Götz): Weinbau, 7. Auflage. Ulmer, Stuttgart 1986.

Wilhelm, Paul, G.: Obst im Garten. Ulmer, Stuttgart 1985.

Weinherstellung im Haushalt

Gast, Arbo: Wein und Saft aus Obst und Beeren. Heyne Verlag, München 1983.

Kitzinger Weinbuch. Ausgabe 1985. Selbstverlag der Paul Arauner KG, Kitzingen.

Snoek, Helmut: Das Buch vom biologischen Weinbau. Pietsch, Stuttgart 1981.

Schlag, K.: Most- und Wein-Fibel. Selbstverlag VINA Hefereinzucht-Anstalt, Aalen.

Süddeutscher Obstmost, 5. Auflage. Selbstverlag der Paul Arauner KG, Kitzingen.

Vierka-Weinbuch. Selbstverlag Friedrich Sauer Weinhefezuchtanstalt, Scharnhausen.

Weine zum Selbermachen. In: Das Hobbythek-Buch 2. Verlagsgesellschaft Schulfernsehen, Köln 1978.
Wicks, Keith: Wein keltern. Otto Maier, Ravensburg 1980.

Fachbücher zur Kellerwirtschaft

Dittrich, Helmut Hans: Mikrobiologie des Weines. 2. Auflage Ulmer, Stuttgart 1986.
Geiss, W.: Lehrbuch für Weinbereitung und Kellerwirtschaft, Selbstverlag, Bad Kreuznach 1960.
Henning, Kurt: Untersuchungsmethoden für Wein und ähnliche Getränke. Neubearbeitet von Ludwig Jakob. 6. Auflage, Ulmer, Stuttgart 1973.
Jakob, Ludwig: Taschenbuch der Kellerwirtschaft, 3. Auflage. Bilz & Fraund. Wiesbaden 1984.
Jakob, Ludwig: Lexikon der Önologie. Meininger, Neustadt/Weinstr. 1979.
Schanderl, Hugo: Fruchtweine. Neubearbeitet von Julius Koch und Erich Kolb. 7. Auflage. Ulmer, Stuttgart 1981.
Troost, Gerhard: Die Technologie des Weines, 5. Auflage. Ulmer, Stuttgart 1980.
Vogt, Ernst: Der Wein. Neubearbeitet von L. Jakob, E. Lemperle, E. Weiss, 9. Auflage, Ulmer, Stuttgart 1984.

Sonstiges

Brose, Robert: Brennen nach Vorschrift, 2. Aufl. Ulmer, Stuttgart 1984.
George, Herbert: Likörbereitung, 7. Auflage. Ulmer, Stuttgart 1986.
Troost, Gerhard, und Haushofer, Hans: Sekt, Schaumwein und Perlwein. Ulmer, Stuttgart 1980.

Bildquellen

Farbfotos

Prof. Dr. Paul Claus, Geisenheim: Seite 57, 58 und 75 oben.
Joachim Feist, Pliezhausen: Seite 76 rechts oben, 94 und 111.
Bernhard Schweikert, Holzgerlingen: Seite 76 links oben und unten, 93 und 112.
Signum, Landau: Seite 75 links unten.
Fritz Wägerle, Murr, Seite 75 rechts unten.

Zeichnungen von Eva Hohrath, Esslingen, nach Skizzen des Verfassers.

Sachregister

Sternchen * verweisen auf Abbildungen,
halbfette Seitenzahlen auf Schwerpunkte im Text